Espanhol + fácil

Viajar

LAROUSSE
Cultura para todos

Título do original em francês:
L' espagnol fácil – L'essentiel pour voyager: Espagnol/Français

Direção geral
Janice McNeillie

Gerente editorial
Soraia Luana Reis

Assistente editorial
Adriana de Oliveira

Coordenação editorial
Dreampix Comunicação

Edição e copidesque
Thereza Pozzoli

Redação
Paloma Cabot
Elena Estrema
Sandra Gonçalves
Elvira de Moragas

Tradução
Cleyde Ulhôa Cintra

Diagramação e adaptação da capa
Ulhôa Cintra Comunicação Visual e Arquitetura

Revisão técnica
Carlos Donato Petrolini Jr.

Revisão
Dreampix Comunicação

Capa e ilustração da capa
Mabuya

Produção gráfica
Cintia M. da Silva

Dados Internacionais de Catalogação na Publicação (CIP)
(Câmara Brasileira do Livro, SP, Brasil)

Espanhol + fácil para viajar / [tradução Cleyde Ulhôa] – São Paulo : Larousse do Brasil, 2004. – (Espanhol + fácil / direção Ralf Brockmeier)

Título original: L'espagnol fácil : l'essentiel pour voyager.

1. Espanhol – Estudo e ensino – Estrangeiros 2. Viajantes I. Brockmeier, Ralf. II. Série.

04-3687 CDD-460.7

Índices para catálogo sistemático:
1. Espanhol para viajantes : Estudo e ensino 460.7

ISBN 2-03-540233-6 (edição original)
ISBN 85-7635-025-4

1ª edição brasileira: 2004

Direitos de edição em língua portuguesa, para o Brasil, adquiridos por
Larousse do Brasil Participações Ltda.
Rua Afonso Brás 473, 16º andar – São Paulo/SP – CEP 04511-011
Tel. (11) 3044-1515 – Fax (11) 3044-3437
E-mail: info@larousse.com.br
Site: www.larousse.com.br

Sumário

Sumário

Regras de pronúncia

Letra	Exemplos	Equivalente em português
Vogais		
a	*g**a**to, **a**m**a**r, mes**a***	sempre aberto, como em c**a**sa
e	***e**str**e**lla, v**e**z, firm**e***	sempre fechado, como em c**e**tim (como o **ê**)
i	***i**n**i**cuo, **i**r**i**s*	como em **i**n**i**m**i**go
o	*bol**o**, c**ó**m**o**d**o**, **o**s**o***	sempre fechado, como em l**o**do (como o **ô**)
u	*t**u**r**u**ta, p**u**ro, trib**u***	como em f**u**ga; mas em *que-*, *qui-*, *gue-* e *gui-* é mudo (exceto em *güe-*, *güi-)*
y	***y***	como em h**i**ato
Ditongos		
ai, ay	*b**ai**le, h**ay***	como em g**ai**ta
au	*f**au**na*	como em s**au**na
ei, ey	*p**ei**ne, l**ey***	como em l**ei**te
eu	*f**eu**do*	como em d**eu**sa
oi, oy	*b**oi**na, h**oy***	como em her**ói**
Semivogais		
u	*b**u**ey, c**u**ando, f**u**iste*	como em q**u**adro
i	*v**i**ernes, vic**i**o, c**i**udad, c**i**ar*	como em **i**oiô
y	***y**erno, re**y**, a**y**er*	como em **i**oiô
Consoantes		
b	***b**oda, **b**urra, am**b**os*	como em **b**atata
[entre duas vogais]	*ha**b**a, tra**b**a*	igual ao **b** do português, porém mais fraco
c [diante de **a**, **o**, **u**]	***c**abeza, **c**u**c**o, a**c**uoso*	como em **c**olete
[diante de **e**, **i**]	***c**edro, **c**ielo*	como o **th** do inglês na palavra "wi**th**"
ch	***ch**iste, o**ch**o*	como em **tch**au
d	***d**ar, **d**edo, an**d**ar*	como em **d**oce
[entre vogais ou no final da palavra]	*ca**d**a, de**d**o, aba**d***	como em ca**d**a, mas menos acentuado
f	***f**ácil, **f**iesta, a**f**ición*	como em **f**ogo
g [diante de **a**, **o**, **u**]	***g**as, ran**g**o, **g**ula*	como em **g**alo
[entre duas vogais, desde que a segunda seja **a**, **o**, **u**]	*a**g**ua, a**g**osto, la**g**ar*	como o **g** de **g**ostar, porém mais fraco

Regras de pronúncia

Letra	Exemplos	Equivalente em português
[diante de **e**, **i**]	*gente, legión*	gutural, parecido com o **rr** do português
h	*hambre, ahíto*	sempre mudo
j	*jabón, ajo, carcaj*	som próximo ao do **rr** em português, porém menos gutural
k	*kilo, kimono*	como em **k**art
l	*labio, alegría, hábil*	como em **l**uva, fe**l**iz
ll	*lluvia, calle*	como o **lh** de **lh**ama, ca**lh**a
m	*mamá, amigo, hambre*	como em **m**ato, a**m**ado
n	*nata, ratón, antes, enemigo*	como em **n**oite, a**n**tes
ñ	*año, ñoño*	como o **nh** de ba**nh**o
p	*papá, pipa, pelo*	como em **p**a**p**el
q	*quiosco, querer, alambique*	como em **qu**eda, almana**qu**e
r [entre duas vogais ou no final da palavra]	*caro, pero, ira*	como em li**r**a
[no início da palavra]	*radio, ronco, río*	como em **r**aiva; mais rolado do que entre duas vogais
rr	*carro, narrar*	como em ma**rr**eco; mais rolado do que entre duas vogais
s	*sauna, asado, cortés*	como em **s**ala, marquê**s**
t	*teja, están, atraco*	como em **t**ela
v	*vino, verbena*	como o **b** em **b**om
[entre duas vogais]	*lava, vivo*	um **b** mais leve
w	*watt, wagon*	como o **b** em **b**om
x	*éxito, examen, extensión*	como em ine**x**orável
z	*zona, azul, capaz*	como o **th** do inglês na palavra "wi**th**"

Partir em viagem
Os preparativos

1. Escolher a viagem

1 Tipo de viagem e de estadia

Na agência de viagens, peça informações usando estes modelos de frases:

¿Tendría la amabilidad de informarme sobre las ofertas de vacaciones para este verano?
Por favor, poderiam me informar sobre as opções de viagem de férias para este verão?

¿Podría darme un folleto de rutas turísticas por el norte de África?
Vocês poderiam me dar um folheto sobre passeios turísticos pelo norte da África?

¿Sería posible cambiar el itinerario establecido?
Seria possível mudar o itinerário programado?

Nos gustaría pasar tres o cuatro días en Lisboa. ¿Qué ofertas de viajes tienen?
Gostaríamos de passar três ou quatro dias em Lisboa. O que vocês me sugerem?

Quisiera información sobre los viajes organizados a Marruecos.
Por favor, eu queria informações sobre os pacotes de viagens para o Marrocos.

Em espanhol, para indicar cortesia ao fazer um pedido, usa-se o condicional: *tendría* (*teria...*), *sería posible* (*seria possível...*). Em português, o futuro do pretérito tem uso semelhante. Com o verbo *querer* (*querer*) o pretérito imperfeito *quería* (*queria*) pode ser substituído pelo imperfeito do subjuntivo: *quisiera*.

¿Tienen viajes a Lisboa que incluyan el vuelo de ida y vuelta y la estancia de cinco días en un hotel de tres estrellas?

Vocês teriam um pacote para Lisboa que incluísse a passagem aérea de ida e volta e a estadia de cinco dias em hotel três estrelas?

¿Está previsto el transporte desde el aeropuerto?
Os traslados do aeroporto estão incluídos?

¿Qué documentación se necesita para viajar a un país comunitario?
Quais são os documentos necessários para ir a um país da União Européia?

Datas e duração da viagem

Antes de tudo, é preciso definir as datas e as etapas de sua viagem:

En principio, tengo previsto pasar una sola noche.
Estou pensando em ficar apenas uma noite.

Me gustaría pasar la primera quincena de agosto en Menorca.
Gostaria de passar a primeira quinzena de agosto em Minorca.

A construção com o verbo *gustar* é diferente da com o português *gostar*: *você gostaria de viajar* em espanhol se traduz por *te gustaría viajar*.

Quisiéramos salir el 2 de agosto y volver el 17 de agosto.
Gostaríamos de partir no dia 2 de agosto e de voltar no dia 17 (de agosto).

¿Cuál es la hora de llegada prevista, teniendo en cuenta la diferencia horaria?
Qual é a hora de chegada prevista, levando-se em conta a diferença de fuso horário?

Definir um orçamento

É importante estabelecer quanto você quer gastar em sua viagem:

Quisiera que el vuelo no me saliese muy caro. ¿Tienen ustedes alguna oferta?
Queria que o transporte aéreo não ficasse muito caro. Vocês têm alguma promoção?

¿La segunda quincena de agosto se considera temporada media o temporada alta?
A segunda quinzena de agosto é considerada média ou alta temporada?

¿A partir de qué fecha empieza la temporada baja?
A partir de que data começa a baixa estação?

¿Cuánto cuesta la habitación doble por noche?
Qual é o preço de um quarto duplo por noite?

¿Qué me costaría por noche una habitación individual en un hotel de tres estrellas?
Quanto custaria, por noite, um quarto individual em hotel três estrelas?

¿El desayuno está incluido en el precio de la habitación?
O café da manhã está incluído na diária?

¿El precio incluye la media pensión/pensión completa?
O preço (da diária) inclui meia pensão/pensão completa?

¿Hay algún descuento por familia numerosa?
Há algum desconto para família numerosa?

Necessidades especiais

Se você necessita de algum recurso especial, as perguntas abaixo poderão ajudá-lo:

¿Tienen habitaciones adaptadas para personas discapacitadas?
Vocês têm quartos destinados a deficientes físicos?

¿Está permitido llevar perros?
É permitido levar cachorros?

Tomar uma decisão

As frases seguintes poderão ajudá-lo a manifestar sua concordância ou discordância em relação às propostas de estadia:

Estoy de acuerdo con las condiciones. ¿Tengo que abonar algo ahora?
Está bem. Tenho de fazer algum depósito agora?

¿Es necesario dejar paga y señal?
É preciso deixar um sinal?

Estas condiciones no me convienen. ¿Tiene usted alguna otra oferta?
Essas condições não estão boas para mim. Teriam outras propostas?

En caso de anular el viaje, ¿debería abonarles algo?
Em caso de desistência, terei de pagar alguma coisa?

2. Procurar acomodação

As frases abaixo poderão ajudá-lo a conseguir a acomodação mais adequada às suas necessidades:

Busco una habitación en el centro de la ciudad.
Procuro um lugar no centro (da cidade).

¿Podría proporcionarme una lista de hoteles y pensiones en Santiago?
Poderiam me fornecer uma lista de hotéis e pensões em Santiago?

¿Quedan habitaciones libres en algún hotel de tres estrellas?
Ainda há quartos disponíveis em algum hotel três estrelas?

Quisiera reservar dos habitaciones dobles para la primera semana de septiembre.
Gostaria de reservar dois quartos duplos para a primeira semana de setembro.

2 Eis um exemplo de conversa entre uma turista e um agente de viagem:

Empleado *Buenos días. ¿En qué puedo ayudarla?*
Turista *Buenos días. Quisiera pasar una semana en Ibiza. ¿Tiene usted información sobre hoteles?*

Empleado	*Por supuesto. ¿Cuánto estaría usted dispuesta a gastar?*
Turista	*No mucho. Me gustaría algo económico.*
Empleado	*¿Quë le parece una casa rural?*
Turista	*Perfecto.*

Agente	*Bom dia. Em que posso ajudá-la?*
Turista	*Bom dia. Quero passar uma semana em Ibiza, vocês teriam informações sobre os hotéis de lá?*
Agente	*Claro. Quanto pretende gastar?*
Turista	*Não muito. Queria algo econômico.*
Agente	*Que tal uma pousada no campo?*
Turista	*Ótimo.*

3. Alugar uma casa ou um apartamento

Se tiver intenção de alugar um apartamento ou uma casa, você poderá empregar as frases abaixo:

Estamos buscando un apartamento para ocho personas.
Procuramos um apartamento para oito pessoas.

Busco un apartotel en la Costa Dorada.
Procuro um apart-hotel na Costa Dourada.

Quisiera alquilar una casa para el mes de agosto.
Queria alugar uma casa para (o mês de) agosto.

¿Cuántas habitaciones tiene la casa?
Quantos cômodos a casa tem?

A palavra *habitación* pode ser traduzida tanto por *dormitório* ou *quarto*: *habitación doble* (*quarto duplo*) quanto por *cômodo*: *piso con dos habitaciones* (*apartamento de dois cômodos*). Tem ainda o sentido de *habitação*, *residência*.

¿De qué servicios dispone la casa? ¿Tiene televisión? ¿Hay lavadora?
Que equipamentos a casa tem? Tem televisão? Máquina de lavar roupa?

¿Están incluidos en el precio los gastos de agua, gas y electricidad?
As contas de água, gás e eletricidade estão incluídas?

¿Hay servicio de limpieza?
Vocês oferecem serviço de limpeza?

¿Se proporciona la ropa de cama?
Vocês fornecem as roupas de cama?

Observação
É grande a variedade de estabelecimentos para se hospedar na Espanha. Entre os mais econômicos estão o *albergue da juventude* (*albergue de juventud*), a *pensão* (*pensión*), a *pousada no campo* (*casa rural*), a *pousada simples* (*hostal*) e o *hotel* (*hotel*). Entre os mais luxuosos estão os monumentos históricos restaurados e transformados em hotéis de alto padrão (*paradores nacionales*).

4. E-mails

Informar-se sobre uma acomodação

Para responder a um anúncio de locação pela Internet, você pode redigir um e-mail nos moldes abaixo:

Apreciado Señor/Apreciada Señora:
Estoy interesado en obtener más información acerca de la casa en alquiler que anuncian en su página web. Primeramente, me gustaría saber en qué fechas está disponible. También quisiera saber cuál es el precio por semana y cuántas personas pueden alojarse en ella.
Para la respuesta, utilice por favor esta dirección de correo electrónico.
Muy agradecido de antemano.

Atentamente,

Manuel Martínez

Prezado senhor/Prezada senhora,
Gostaria de obter informações mais detalhadas sobre a casa para alugar anunciada em seu site. Em primeiro lugar, em que datas está disponível? Também gostaria de saber o preço do aluguel por semana e o número de pessoas que a casa comporta.
Por gentileza, queira responder para este e-mail.
Agradeço desde já.

Cordialmente,

Manuel Martínez

Atrações turísticas

Para obter informações sobre os pontos de interesse na região, você pode se dirigir aos centros de informações turísticas:

Tengo la intención de viajar a la costa oriental de Asturias en el mes de julio. ¿Podrían enviarme información sobre los lugares de interés que se pueden visitar en esa zona y sobre el clima en esas fechas? Les agradecería que me enviasen asimismo algunas direcciones de páginas web de la región.

Planejo viajar para a costa leste das Astúrias em julho. Vocês poderiam me enviar informações sobre os locais mais interessantes da região e também sobre o clima nesse período? Agradeceria também se indicassem alguns sites sobre a região.

Teste seus conhecimentos

I. Complete as frases seguintes com a preposição correta:

1. *¿Quedan habitaciones libres .... algún hotel de tres estrellas?*
2. *Estamos buscando un apartamento .... ocho personas.*
3. *¿Hacen descuento .... familia numerosa?*
4. *Quisiera reservar dos habitaciones dobles .... la primera semana de septiembre.*

II. Complete as frases seguintes com a palavra adequada:

1. *Me gustaría que el vuelo no me saliese muy caro. ¿Tienen ustedes alguna ....?*
2. *¿Podría darme un .... de rutas turísticas por el norte de África?*
3. *Tenemos viajes a Lisboa que incluyen el vuelo de ida y vuelta y la .... de cinco días en un hotel de tres estrellas.*

Respostas:

I. *en - para - por - para* **II.** *oferta - folleto - estancia*

Viajar de avião

1. Informar-se sobre os vôos

Utilize os modelos de frase abaixo para obter informações em uma agência de viagens ou companhia aérea:

¿Sería tan amable de darme los horarios y una lista de precios de los vuelos Madrid–Berna?
Por favor, poderiam me informar os horários e preços dos vôos Madri–Berna?

¿Podría darme información sobre vuelos a Montevideo?
Poderiam me dar informações sobre os vôos para Montevidéu?

¿Tienen ustedes algún vuelo a Palma de Mallorca con tarifa reducida?
Vocês têm algum vôo com tarifa reduzida para Palma de Maiorca?

¿Qué vuelos hay el día 11 de agosto a São Paulo?
Quais (são) os vôos para São Paulo no dia 11 de agosto?

Quisiera que me informase sobre los horarios de los vuelos a Buenos Aires.
Queria informações sobre os horários dos vôos para Buenos Aires.

¿Qué compañías (aéreas) vuelan a Berna?
Que companhias (aéreas) voam para Berna?

¿Cuántos vuelos regulares al día hay de Barcelona a Lisboa?
Quantos vôos regulares há por dia de Barcelona para Lisboa?

¿Es un vuelo regular o un vuelo chárter?
É um vôo regular ou fretado?

¿Hay algún vuelo directo a Montreal?
Há algum vôo direto para Montreal?

¿Es un vuelo con escala?
É um vôo com escala?

¿A qué hora sale el primer avión a Santiago de Compostela?
A que horas sai o primeiro avião para Santiago de Compostela?

¿El tránsito se hace en la misma terminal?
A conexão é feita no mesmo terminal?

Utilize os modelos de frases abaixo para solicitar informações específicas sobre o check-in e o embarque:

¿Con cuánto tiempo de antelación debo presentarme en el aeropuerto para un vuelo internacional?
Com quanto tempo de antecedência devo me apresentar no aeroporto para um vôo internacional?

¿De qué terminal salen los vuelos nacionales?
De que terminal saem os vôos domésticos?

¿Dónde están los mostradores de la compañía para recoger el billete?
Onde ficam os balcões da companhia para retirar minha passagem?

¿Hay consignas en el aeropuerto?
Há guarda-volumes no aeroporto?

¿A partir de qué hora se puede facturar el equipaje?
A partir de que horas se pode despachar a bagagem?

Observe que, nesse contexto, o verbo *facturar* é traduzido por *despachar* e não por *faturar* ou *registrar*.

¿Qué documentación debo presentar en el mostrador de facturación?
Que documentos tenho de apresentar no balcão de check-in?

¿A qué hora es el embarque?
A que horas é o embarque?

¿Cuál es el peso máximo que se puede facturar?
Qual é o limite de bagagem?

¿Cuál es el peso máximo del equipaje de mano?
Qual é o peso máximo da bagagem de mão?

¿Cuánto dura el vuelo?
Qual é a duração do vôo?

¿Está permitido fumar en el avión?
É permitido/Pode-se fumar no avião?

¿A qué hora está prevista la llegada del vuelo?
Qual é o horário previsto para a chegada (do vôo)?

¿A qué aeropuerto llega el avión?
Em que aeroporto o avião vai descer?

¿Qué transportes públicos hay al aeropuerto?
Há serviços de transporte público no aeroporto?

3 Segue-se um exemplo de diálogo entre um funcionário de companhia aérea e uma cliente:

Clienta	*Buenos días. ¿Podría informarme sobre los vuelos a Toulouse?*
Empleado	*¿Para qué fecha necesita usted el billete?*
Clienta	*Para el 6 de septiembre.*
Empleado	*Tenemos un vuelo regular desde Madrid a las 7 de la mañana.*
Clienta	*De acuerdo. Este horario me va bien.*

Cliente	*Bom dia. Pode me dar informações sobre os vôos para Toulouse?*
Funcionário	*Para que dia?*
Cliente	*Para 6 de setembro.*
Funcionário	*Temos um vôo regular saindo de Madri às sete (horas) da manhã.*
Cliente	*Ótimo. Esse horário está bom para mim.*

2. Reservar uma passagem aérea

As frases abaixo poderão ajudá-lo a reservar uma passagem aérea:

Quisiera dos billetes para el vuelo Brasília–Buenos Aires de las 15:30.
Por favor, duas passagens para o vôo Brasília–Buenos Aires das 15h30.

Quisiera reservar un billete de ida y vuelta Barcelona–Rio con tarifa reducida.
Gostaria de reservar uma passagem de ida e volta Barcelona–Rio com tarifa reduzida.

¿Cómo puedo abonar los billetes?
Quais as formas de pagamento?

¿Me reembolsarán el importe del billete si lo cancelo?
Há reembolso em caso de desistência?

¿Es necesario confirmar el vuelo?
É preciso confirmar o vôo?

¿Podrían enviarme los billetes a casa?
Vocês entregam as passagens em casa?

⚠ *A casa* corresponde a *em minha casa* ou simplesmente *em casa*. *A tu casa* corresponde a *em sua casa*.

Depois de fazer a reserva, você talvez receba uma carta de confirmação como esta:

> Tal y como habíamos convenido, me dirijo a Ud, para confirmarle los vuelos de los que hemos hablado por teléfono esta mañana. Referencia 0 7896 GH356: dos adultos, vuelo Barcelona–Rio de las 13:45 h el 16 de agosto, regreso el 27 de agosto a las 17:00 h.
>
> Deberá Ud, dar esta referencia cuando vaya a recoger los billetes al aeropuerto.
>
> Manuel Pérez

Como havíamos combinado, escrevo a você para confirmar os vôos solicitados esta manhã por telefone:

Código de reserva 07896 GH 356: dois adultos, vôo Barcelona–Berna, saindo às 13h45 do dia 16 de agosto e voltando às 17h do dia 27 de agosto.

É indispensável a apresentação deste código de reserva para retirar as passagens no aeroporto.

Manuel Pérez

4 3. No aeroporto

Para orientar-se em um aeroporto, você pode utilizar os seguintes tipos de frase:

Perdone, ¿podría decirme a qué terminal tengo que dirigirme para hacer un vuelo internacional?
Com licença, pode me informar a que terminal devo me dirigir para um vôo internacional?

¿En qué mostradores de facturación debo facturar mi equipaje para un vuelo nacional?
Em que balcão de check-in posso despachar a bagagem para um vôo doméstico?

¿Podría decirme dónde está mi mostrador de facturación?
Por favor, (poderia informar) em qual balcão devo fazer o check-in?

¿Podría indicarme dónde están los mostradores de facturación de Iberia?
Poderia me informar onde ficam os balcões de check-in da Ibéria?

¿De qué puerta de embarque sale el avión?
De que portão de embarque sai o avião?

Despachar a bagagem

Você encontrará a seguir algumas frases que poderão ser úteis no momento de despachar suas malas:

Quisiera facturar estas maletas y esta bolsa de viaje.
Queria despachar estas malas e esta sacola de viagem.

Aquí tiene mi billete y pasaporte.
Aqui estão minha passagem e meu passaporte.

¿Puedo depositar ya las maletas en la cinta?
Já posso colocar as malas na esteira?

¿Por favor, a qué hora es el embarque?
Por favor, a que horas é o embarque?

¿Podría darme un asiento junto a la ventanilla?
Poderia me dar um lugar na janela?

Quisiera un asiento en la zona de no fumadores, por favor.
Por favor, quero um lugar na área de não-fumantes.

¿Dónde consta el número de asiento en el avión?
Onde verifico o número da poltrona?

No veo dónde consta la puerta y la hora de embarque.
Não encontro o número do portão e a hora do embarque.

¿En qué planta están el control de seguridad y mi puerta de embarque?
Em que andar ficam o controle de segurança e o meu portão de embarque?

O embarque

Despachadas as bagagens, você deve ir para o portão de embarque:

¿Sería tan amable de indicarme dónde está la puerta de embarque número 12?
Por favor, poderia indicar onde fica o portão de embarque número 12?

Aquí tiene mi tarjeta de embarque.
Aqui está meu cartão de embarque.

No llevo equipaje de mano.
Não tenho bagagem de mão.

¿Cuánto retraso lleva el vuelo?
O vôo está atrasado quanto tempo?

4. No avião

Serviços de bordo

O diálogo abaixo poderia ocorrer entre um passageiro e uma comissária de bordo:

Azafata *Buenos días, ¿desea leer la prensa?*
Pasajero *Sí, por favor.*
Azafata *¿Qué periódico desea?*
Pasajero *Uno del país de destino, si es tan amable.*
Azafata *Aquí tiene. Si desea ver una película, aquí tiene los auriculares.*
Pasajero *Muchísimas gracias. ¿Sabe usted a qué hora nos servirán la comida?*
Azafata *Está previsto servirla a las dos. ¿Desea usted tomar algo antes?*
Pasajero *Quisiera beber algo. ¿Tienen zumos?*
Azafata *Tenemos zumo de tomate, piña, melocotón y manzana.*
Pasajero *Un zumo de tomate, por favor.*
Azafata *Aquí tiene. Si desea cualquier otra cosa, estoy a su disposición.*
Pasajero *Muchísimas gracias, es usted muy amable.*

Comissária *Bom dia, gostaria de ler um jornal?*
Passageiro *Sim, por favor.*
Comissária *Que jornal o senhor deseja ler?*
Passageiro *Um do país para onde vamos, por favor.*
Comissária *Pois não. Se quiser ver um filme, aqui estão os fones.*
Passageiro *Muito obrigado. A que horas será servida a refeição?*

Comissária	*Às 14h. Aceita algo enquanto espera?*
Passageiro	*Gostaria de tomar alguma coisa. Vocês têm sucos de fruta?*
Comissária	*Sim, temos suco de tomate, de abacaxi, de pêssego e de maçã.*
Passageiro	*Um de tomate, por favor.*
Comissária	*Pronto, senhor. Se precisar de mais alguma coisa, estou à sua disposição.*
Passageiro	*Muito obrigado, você é muito amável.*

5. Sair do aeroporto

5 Retirar as bagagens

Após a aterrissagem, é o momento de ir buscar sua bagagem:

Por favor, ¿me podría decir adónde hay que ir para recoger las maletas del vuelo 502?
Por favor, onde retiro as malas do vôo 502?

¿Son estas las maletas del vuelo procedente de Sevilla?
Estas são as malas do vôo proveniente de Sevilha?

¿Dónde podría conseguir un carro para llevar las maletas?
Onde eu poderia pegar um carrinho para levar as malas?

¿Adónde tengo que ir si he perdido las maletas?
Onde devo ir em caso de extravio de bagagem?

Mi maleta ha llegado rota, ¿dónde puedo hacer una reclamación?
Minha mala chegou danificada, onde posso fazer uma reclamação?

Teste seus conhecimentos

I. Qual é a pergunta adequada a cada uma das respostas abaixo?

1. ***A las 4:15.***
   (a) *¿Con cuánta antelación tengo que estar en el aeropuerto?*
   (b) *¿Cuánto retraso lleva el vuelo?*
   (c) *¿A qué hora sale el avión?*

2. ***Sólo una bolsa.***
   (a) *¿Son éstas las maletas del vuelo procedente de Sevilla?*
   (b) *¿Tiene algo que declarar?*
   (c) *¿Lleva usted equipaje de mano?*

3. ***En el mostrador Nº 5.***
   (a) *¿De qué terminal salen los vuelos internacionales?*
   (b) *¿Dónde puedo facturar las maletas?*
   (c) *¿De qué puerta de embarque sale el avión?*

II. Coloque o diálogo na seqüência correta, a partir da primeira frase:

1. *Buenas tardes. ¿Es en este mostrador la facturación para el vuelo a Las Palmas?*
2. *Gracias. ¿Dónde es el embarque?*
3. *Sí, es aquí. Deme su billete, por favor.*
4. *De acuerdo. Aquí tiene su tarjeta de embarque.*
5. *En el primer piso, puerta Nº 6.*
6. *Aquí tiene. ¿Podría darme un asiento junto a la ventanilla?*

Respostas:

I. *1c - 2b - 3b* **II.** *1 - 3 - 6 - 4 - 2 - 5*

Viajar de trem

1. Informar-se sobre horários e preços

As perguntas seguintes poderão ajudá-lo a planejar sua viagem de trem:

¿Sería tan amable de informarme sobre los horarios y precios de los trenes a Madrid?
Por favor, poderiam me dar informações sobre os horários e os preços dos trens para Madri?

Quisiera una lista de horarios, precios y tipos de tren a Bilbao.
Gostaria de uma lista de horários, preços e tipos de trem para Bilbao.

¿Podría darme los horarios y precios del AVE Madrid–Sevilla?
Poderia me fornecer os horários e os preços dos trens AVE Madri–Sevilha?

¿Hay algún tren directo de Madrid a Ginebra?
Há trem direto de Madri para Genebra?

¿Cuál es el tren más rápido a Málaga?
Qual é o trem mais rápido para Málaga?

¿Tienen los horarios de los trenes de cercanías?
Vocês têm os horários dos trens de subúrbio?

¿Este tren circula los fines de semana?
Este trem circula nos fins de semana?

¿A qué hora sale el próximo tren a Vigo?
A que horas sai o próximo trem para Vigo?

¿Hay algún tren que llegue antes de las 5 de la tarde a Málaga?
Há algum trem que chegue antes das cinco da tarde em Málaga?

¿El tren a Pamplona es nocturno o diurno?
O trem para Pamplona é noturno ou diurno?

Observação
A maioria das estações de trem na Espanha tem um balcão com a inscrição *atención al cliente*, destinado a fornecer informações precisas e úteis aos viajantes.

2. Comprar uma passagem de trem

As frases abaixo poderão ser usadas para comprar sua passagem e também para obter informações complementares:

Quisiera un billete de ida y vuelta a Cádiz, salida el 8 de agosto y regreso el 17 de agosto.
Por favor, (queria) uma passagem de ida e volta para Cádiz, saindo em 8 de agosto e voltando no dia 17.

Quisiera dos billetes para el tren expresso de las 15:30 a Alicante.
Por favor, (queria) duas passagens para o trem expresso das 15h30 com destino a Alicante.

Un billete de ida y vuelta para el Talgo Barcelona–Girona, por favor.
Um bilhete de ida e volta para o Talgo Barcelona–Girona, por favor.

¿Quedan plazas en el tren de las 8:30 a Barcelona?
Ainda há lugares no trem das 8h30 para Barcelona?

¿Cuánto es un billete a Gijón?
Quanto custa a passagem para Gijón?

¿El tren que sale por la noche tiene literas?
O trem noturno tem leitos?

¿Cuántas personas hay por compartimento en el coche cama?
Quantas pessoas cabem em cada cabine do vagão-leito?

¿Qué suplemento tengo que pagar por llevar el coche en el tren?
Quanto devo pagar a mais para levar o carro no trem?

¿De qué estación sale el tren?
De que estação sai o trem?

6 Veja um diálogo entre um passageiro e uma funcionária no guichê da estação ferroviária:

Pasajero	*Buenos días, quisiera un billete de ida y vuelta a Teruel en el tren de las 14:30, por favor.*
Empleada	*¿En el vagón de fumadores o no fumadores?*
Pasajero	*No fumadores, por favor.*
Empleada	*¿Quiere un asiento junto a la ventana o en el pasillo?*
Pasajero	*Junto a la ventana, si es tan amable. Y, si es posible, en el sentido de la marcha.*
Empleada	*Aquí tiene su billete.*
Passageiro	*Bom dia. Por favor, uma passagem de ida e volta para Teruel no trem das 14h30.*
Funcionária	*Em um vagão de fumantes ou de não-fumantes?*
Passageiro	*Não-fumantes, por gentileza.*
Funcionária	*O senhor prefere um lugar na janela ou no corredor?*
Passageiro	*Na janela, por favor. E, se possível, virado para a frente (do trem).*
Funcionária	*Aqui está sua passagem.*

Observação

A mais importante rede ferroviária da Espanha é operada por uma companhia nacional, a *RENFE* (*Red Nacional de los Ferrocarriles Españoles*), e é completada por outra rede, a *FEVE* (*Ferrocarriles Españoles de Vías Estrechas*). Há tarifas reduzidas para idosos e para menores de 25 anos. Há também descontos significativos na compra de bilhetes de ida e volta. AVE e Talgo: trens de alta velocidade.

3. Na estação

Na estação, você pode fazer perguntas como:

Perdone, ¿podría decirme dónde están las entanillas para comprar los billetes?
Com licença, poderia me dizer onde ficam os guichês para comprar passagens?

¿De qué vía sale el tren a Sevilla?
De que plataforma sai o trem para Sevilha?

¿El tren a Zaragoza sale puntual o con retraso?
O trem para Zaragoza está no horário ou atrasado?

¿Qué retraso lleva el tren de las 9:30 a París?
Qual é a previsão de atraso do trem das 9h30 para Paris?

¿A qué hora tendría que salir el tren?
A que horas o trem deveria sair?

¿Sabe usted si todos los coches van a Cáceres?
O senhor sabe se todos os vagões vão até Cáceres?

4. No trem

As frases seguintes poderão ajudá-lo a se dirigir a um outro passageiro ou pedir informações a um funcionário:

¿Sabe usted si éste es el tren que va a Granada?
O senhor pode me dizer se é este o trem que vai para Granada?

¿Éste es el vagón número 12?
Este é o vagão número 12?

¿Dónde está el vagón restaurante?
Onde é o vagão-restaurante?

¿Le molesta si dejo aquí mis bolsas?
O senhor se incomoda se eu deixar minhas sacolas de viagem aqui?

¿Dónde se pueden dejar las maletas?
Onde posso deixar minhas malas?

Perdone, creo que se ha sentado usted en mi asiento.
Desculpe, acho que o senhor está sentado no meu lugar.

¿Le importaría cambiarse de asiento?
O senhor se importaria de trocar de lugar (comigo)?

¿Le molesta si bajo un poco la cortina?
Posso abaixar um pouco a cortina?

¿Le importa si apago la luz?
Atrapalha o senhor se eu apagar a luz?

¿Le molesta si bajo mi litera?
O senhor se incomodaria se eu descesse minha cama?

¿Podría avisarme usted cuando lleguemos a Zaragoza?
Por favor, poderia me avisar quando chegarmos a Zaragoza?

Teste seus conhecimentos

I. Complete as frases seguintes com a preposição correta:

1. *¿A qué hora sale el tren de Barcelona .... Montpellier?*
2. *¿Qué trenes hay el domingo .... la tarde?*
3. *El tren Madrid–Valencia sale .... la vía 2.*
4. *¿Tengo que pagar un suplemento .... llevar el coche en el tren?*
5. *Quisiera un asiento .... el sentido de la marcha.*
6. *Deme un billete de ida y vuelta a Santander .... el miércoles día dos.*

II. Coloque o diálogo seguinte na seqüência correta, a partir da primeira frase:

1. *Buenos días. Un billete de ida y vuelta a Málaga en el tren de las 13:30, por favor.*
2. *De acuerdo. Aquí tiene su billete.*
3. *No fumadores, por favor. Y, si es posible, junto a la ventana.*
4. *A las 23:50.*
5. *Gracias. ¿A qué hora está prevista la llegada a Málaga?*
6. *¿En el vagón de fumadores o no fumadores?*

Respostas:

I. *a - por - de - por - en - para* **II.** *1 - 6 - 3 - 2 - 5 - 4*

Viajar de carro

1. Alugar um carro

Na locadora

Se você optar por uma viagem de carro, as frases seguintes serão úteis para alugar um veículo:

Quisiera alquilar un coche para una semana, por favor.
Quero alugar um carro por uma semana, por favor.

¿Podría darme una lista de modelos y precios?
Por favor, posso levar uma lista de modelos e preços?

¿Qué modelos tiene de esta categoría?
Que modelos tem nesta categoria?

Quisiera alquilar un todoterreno/monovolumen.
Gostaria de alugar um 4X4/uma van.

¿Tienen algún 5 puertas?
Vocês têm carros de cinco portas?

¿El seguro está incluido en las tarifas de alquiler?
O seguro está incluído na tarifa (de locação)?

¿Qué cubre el seguro?
O que o seguro cobre?

¿Tengo que pagar el kilometraje?
A quilometragem está incluída no preço?

¿Debo dejar un depósito al hacer la reserva?
Preciso fazer algum depósito no ato da reserva?

Quisiera alquilar un modelo sencillo.
Queria alugar um modelo simples.

¿Necesito un carnet de conducir internacional?
Preciso ter carteira de motorista internacional?

¿Tengo que devolverles el coche con el depósito de gasolina lleno?
Tenho de devolver o carro com o tanque cheio?

Observação
Na Espanha, as *autovias* são gratuitas e as *autopistas* têm pedágio. Nelas, a velocidade máxima permitida é de 120 km/h.

2. Perguntar o caminho

Use as frases abaixo para perguntar o caminho ou verificar se está na direção certa:

Perdone, ¿podría usted ayudarme? Me he perdido.
Com licença, poderia me ajudar? Estou perdido.

No soy de aquí, ¿podría señalarme/indicarme en el mapa dónde estamos?
Não sou daqui, poderia mostrar no mapa onde estamos?

¿Me podría indicar cómo llegar a Bariloche desde aquí?
Por favor, pode me explicar como ir para Bariloche?

¿A qué distancia estamos de Zaragoza?
A que distância estamos de Zaragoza?

¿Estoy lejos de Cancún?
Estou longe de Cancun?

¿Ya hemos pasado Sigüenza?
Já passamos Sigüenza?

¿A cuántos kilómetros de Madrid estoy?
A quantos quilômetros estamos de Madri?

¿Cuánto falta para llegar al peaje?
Quanto falta para chegarmos ao pedágio?

¿Esta es la carretera comarcal que va a Ribadesella?
Esta é a rodovia estadual que vai para Ribadesella?

¿Dónde se coge la autopista AP7 dirección Barcelona?
Onde pego a rodovia AP7 no sentido para Barcelona?

¿Qué salida tengo que coger para ir a la C252?
Que saída tenho de pegar para retornar à C252?

¿Voy bien o tengo que hacer un cambio de sentido?
Estou na direção certa ou devo fazer o retorno?

¿Debo girar a la izquierda en el semáforo o seguir recto?
Devo virar à esquerda no sinal ou seguir em frente?

¿Debo pasar la glorieta, o el desvío está antes?
Devo passar a rotatória ou o desvio está antes?

¿Qué desvío debo coger para ir a Santiago?
Que desvio devo pegar para ir a Santiago?

¿Esta calle es de doble sentido o de sentido único?
Esta rua é de mão dupla ou de mão única?

¿Hay que cruzar la ciudad o hay alguna carretera de circunvalación?
É preciso atravessar a cidade ou há uma via periférica/perimetral?

3. No posto de gasolina

7 Colocar combustível

No posto de gasolina, você pode usar frases como:

Lléneme el depósito, si es tan amable.
Encha o tanque, por favor.

Lleno, por favor.
Complete, por favor.

20 litros de gasolina sin plomo 95.
20 litros de gasolina sem chumbo 95.

¿Podría mirar la presión de las ruedas?
Poderia verificar a pressão dos pneus?

¿Podría comprobar el nivel de agua/aceite?
Você poderia verificar o nível da água/do óleo?

¿Tienen servicio de lavado?
Vocês têm serviço de lavagem?

Un lavado completo, por favor.
Uma lavagem completa, por favor.

¿Podría venderme un bidón de 5 litros de gasolina?
Pode me vender um galão de 5 litros de gasolina?

Quisiera una lata de aceite.
Por favor, uma lata de óleo (lubrificante).

¿Podría decirme dónde están los servicios, por favor?
Por favor, onde ficam os sanitários?

Observação
Os tipos de combustível vendidos nos *surtidores* (*bombas*) são: *gasóleo* ou *superdiesel* (*diesel*), *gasolina súper* ou *súper* (*especial*), *gasolina sin plomo 95/98* (*gasolina sem chumbo 95/98*).

4. Em caso de problemas mecânicos

Pedir socorro

Se o veículo enguiçar, a primeira providência é chamar um mecânico:

¿Sabe usted dónde hay un mecánico?
O senhor sabe onde encontro um mecânico?

¿Podría llamar a un mecánico?
O senhor poderia chamar um mecânico?

¿Podrían enviarme una grúa?
Poderiam me mandar um guincho?

¿Podrían remolcar mi coche?
Poderiam rebocar meu carro?

He tenido un pinchazo, ¿podría ayudarme, por favor?
O pneu furou. Pode me dar uma ajuda, por favor?

Explicar o problema mecânico

As frases seguintes podem ajudá-lo a descrever o problema mecânico:

El motor se me cala continuamente.
O motor está morrendo.

Creo que el coche pierde aceite.
Acho que está vazando óleo.

Sale mucho humo del radiador.
Sai muita fumaça do radiador.

Se me ha calentado mucho el coche.
O motor esquentou demais.

Me han fallado los frenos.
Os freios estão falhando.

El coche patina.
As rodas estão patinando.

No puedo arrancar el coche.
Não consigo dar a partida.

No puedo poner la segunda.
Não consigo engatar a segunda.

Se me ha roto el retrovisor izquierdo.
O espelho retrovisor esquerdo quebrou.

No me funciona el intermitente.
O pisca-pisca não funciona.

¿Tengo que cambiar los neumáticos?
Tenho de trocar os pneus?

Me ha entrado agua en el motor.
Entrou água no motor.

El tubo de escape hace mucho ruido. Creo que lo llevo colgando.
O cano do escapamento faz muito barulho. Acho que está solto.

No me funciona el limpiaparabrisas.
O limpador de pára-brisa não funciona.

Me he quedado sin batería, ¿podría recargármela?
A bateria acabou. Poderiam recarregá-la?

Me falla el sistema eléctrico.
O sistema elétrico está com defeito.

¿Podría comprobar si funcionan las luces de freno?
O senhor poderia verificar as luzes de freio?

Exemplo de diálogo entre a proprietária de um veículo e um mecânico:

Propietaria	*Buenos días. ¿Podría echarle un vistazo al coche?*
Mecánico	*¿Qué le pasa?*
Propietaria	*El motor hace un ruido muy raro.*
Mecánico	*¿Qué tipo de ruido?*
Propietaria	*Un ruido muy fuerte y entrecortado.*
Mecánico	*Muy bien. Abra el capó, por favor. Vamos a ver qué le pasa.*

Proprietária	*Bom dia. O senhor pode, por favor, dar uma olhada no meu carro?*
Mecânico	*Qual é o problema?*
Proprietária	*O motor está fazendo um barulho estranho.*
Mecânico	*Que tipo de barulho?*
Proprietária	*Umas pancadas fortes.*
Mecânico	*Muito bem. Abra o capô, por favor. Vamos ver o que está acontecendo.*

8 Consertar o carro

Usando as frases abaixo como modelo, você poderá fazer mais perguntas sobre o defeito encontrado, o tempo previsto e o custo do conserto:

¿Qué cree que le pasa al coche?
O que acha que o carro tem?

¿Sabe de dónde viene el problema?
Sabe qual é o problema?

¿Se encarga usted de este tipo de reparaciones?
O senhor faz esse tipo de conserto?

¿Podría tenerlo reparado hoy mismo?
Poderia fazer o conserto ainda para hoje?

¿Tiene usted la pieza de recambio, o tiene que pedirla a la casa?
O senhor tem as peças de reposição ou ainda vai encomendá-las?

¿Cuándo puedo pasar a recoger el coche?
Quando posso vir buscar o carro?

¿Por cuánto me va a salir la reparación?
Quanto vai custar o conserto?

¿Podría hacerme un presupuesto de la reparación?
O senhor poderia me dar um orçamento?

Observação

Na Espanha, pelo regulamento da *Dirección General de Tráfico* (*Departamento Nacional de Trânsito espanhol*), é obrigatório ter no porta-malas do veículo dois *dispositivos portátiles de preseñalización de peligro* (*triângulos de segurança*), sob pena de multa. Nos países do *Mercosur* (*Mercosul*) as exigências foram unificadas para um só triângulo.

Teste seus conhecimentos

I. Complete usando o vocabulário do capítulo:

1. *Quisiera .... un coche para una semana.*
2. *¿Voy bien o tengo que hacer un .... de sentido?*
3. *¿A qué .... de Zaragoza estamos?*
4. *¿Qué desvío debo .... para ir a Córdoba?*
5. *Lléneme el ...., por favor.*
6. *Sale humo del radiador. ¿Podría llamar a un .... ?*

II. Coloque o diálogo na seqüência correta, a partir da primeira frase:

1. *Buenos días. ¿Podría echarle un vistazo al coche?*
2. *Un ruido muy fuerte y entrecortado.*
3. *Muy bien. Abra el capó, por favor. Vamos a ver qué le pasa.*
4. *¿Qué tipo de ruido?*
5. *El motor hace un ruido muy raro.*
6. *¿Qué le pasa?*

Respostas:

I. *alquilar - cambio - distancia - coger - depósito - mecánico* **II.** *1 - 6 - 5 - 4 - 2 - 3*

Viajar de barco ou navio

1. Pedir informações

Passeio de barco

Se você quiser realizar um passeio de barco, percorrendo a costa ou descendo um rio, utilize as frases abaixo para obter informações:

Quisiera informarme sobre las excursiones en barco por la costa.
Por favor, estou procurando informações sobre passeios de barco pela costa.

¿Organizan travesías por el lago/río?
Vocês realizam passeios pelo lago/rio?

¿Hacen excursiones guiadas por el río?
Vocês oferecem excursões com guia pelo rio?

¿El barco para en la isla Marguerita?
O barco pára na ilha Marguerita?

¿Qué tipo de embarcaciones tienen?
Que tipos de embarcações vocês têm?

¿Con qué frecuencia salen los barcos?
Com que freqüência os barcos saem?

¿Cada cuánto salen los barcos?
Qual é a freqüência das saídas (dos barcos)?

¿Cuánto dura la travesía?
Quanto tempo dura a travessia?

¿A qué hora sale el último barco?
A que horas sai o último barco?

¿De dónde sale el barco?
De onde o barco sai?

¿Dónde se pueden comprar los billetes?
Onde podemos comprar os bilhetes?

A forma *se pueden* é utilizada no espanhol para dar idéia de indeterminação do sujeito, como em português usaríamos: *a gente*, *nós*, etc.

¿Cuánto vale un billete de adulto?
Quanto custa uma passagem de adulto?

¿Hacen descuento con el carnet de estudiante?
Vocês dão desconto com a carteira de estudante?

Travessia de balsa

A frases abaixo poderão ser úteis se você pretende tomar uma balsa:

¿Podría informarme sobre los horarios y precios de los ferrys Denia–Ibiza?
Você poderia informar os horários e os preços das balsas Denia–Ibiza?

¿Con qué frecuencia sale el ferry Ibiza–Formentera?
As balsas Ibiza–Formentera saem de quanto em quanto tempo?

¿El ferry a Mahón sale cada día?
A balsa para Mahón é diária?

¿Este ferry sale a diario?
Esta balsa sai todos os dias?

¿Hay algún ferry nocturno a Algeciras?
Há alguma balsa noturna para Algeciras?

¿Cuánto dura el viaje en ferry de Almería a Melilla?
Quanto tempo dura a travessia de Almeria a Melilla?

¿A qué hora sale el ferry a Sete?
A que horas sai a balsa para Sete?

¿Cuánto cuesta el billete de ida y vuelta en ferry a Formentera?
Qual é o preço da passagem de ida e volta da balsa para Formentera?

¿Cuál es el suplemento por llevar el coche en el ferry?
Quanto devo pagar a mais para levar o carro?

¿Cuál es la diferencia de precio entre el billete en butaca y el billete en cabina doble?
Qual é a diferença de preço entre a passagem em poltrona e a em cabine dupla?

¿A qué hora es el embarque?
Qual é o horário do embarque?

¿Se pueden reservar billetes por Internet?
Dá para fazer reservas pela Internet?

¿Es posible anular la reserva?
É possivel cancelar a reserva?

¿Está permitido llevar animales a bordo?
É permitido levar animais a bordo?

¿Hay restaurante en el ferry?
Há restaurante na balsa?

¿Hay consignas en el ferry?
A balsa dispõe de guarda-volumes?

Quisiera reservar cuatro billetes en butaca en el ferry de las 17:00.
Queria reservar quatro lugares em poltrona na balsa das 17h.

9 Cruzeiros

As frases seguintes poderão ajudá-lo a obter informações sobre as escalas, as atividades e os serviços a bordo de um navio:

Quisiera información sobre cruceros por el Mediterráneo, por favor.
Por gentileza, procuro informações sobre cruzeiros pelo Mediterrâneo.

¿Tienen algún crucero por España y Marruecos?
Vocês têm algum cruzeiro pela Espanha e pelo Marrocos?

¿Podría hacerme un presupuesto para un crucero de 10 días para dos personas en camarote con vistas al mar?

Por favor, poderia informar os preços para um cruzeiro de dez dias para duas pessoas, em cabine com vista para o mar?

¿Qué actividades se organizan a bordo?
Que atividades são oferecidas a bordo?

¿En qué ciudades hace escala el barco?
Em que cidades o navio faz escala?

¿El precio de las excursiones a tierra está incluido?
Os passeios terrestres estão incluídos?

¿Está incluido el precio de las comidas?
As refeições estão incluídas?

¿Hay parking en el puerto?
Há estacionamento no porto?

Veja um exemplo de e-mail para solicitar informações mais detalhadas à companhia marítima organizadora do cruzeiro:

Apreciado Sr.:

Me dirijo a usted para solicitarle información sobre el crucero España–Portugal–Madeira–Baleares que su compañía organiza y que aparece anunciado en su página web.
Me gustaría conocer con más detalle el itinerario, saber en qué ciudades hace escala, cuánto tiempo y en qué fecha para el barco en cada ciudad.
También quisiera saber si todas las excursiones están incluidas en el precio de la estancia.
Por otra parte, tengo que informarles que me desplazo en silla de ruedas y desearía saber si las instalaciones del barco cuentan con rampas y si tienen camarotes adaptados para personas discapacitadas.
Para la respuesta, utilice por favor esta dirección de correo electrónico.
Muy agradecida de antemano.

Atentamente,

Beatriz Machado

Prezado senhor,

Solicito informações sobre o cruzeiro Espanha–Portugal–Madeira–Baleares, organizado por sua companhia e anunciado em seu site.
Gostaria de maiores esclarecimentos sobre o roteiro, as cidades onde o navio faz escala, a duração de cada escala e suas respectivas datas.
Também gostaria de saber se todas as excursões estão incluídas no preço.
Além disso, como utilizo cadeira de rodas, preciso saber se o navio possui rampas de acesso e cabines adequadas para pessoas portadoras de deficiência física.
Queira responder para este endereço eletrônico.

Cordialmente,

Beatriz Machado

2. No porto

Pedir informações

Para pedir informações no porto, utilize as frases abaixo como modelo:

Perdone, ¿podría decirme dónde está la terminal A?
Com licença, poderia informar onde fica o terminal A?

Tengo que coger el ferry a Mahón. ¿Voy bien por aquí?
Tenho de pegar a balsa para Mahón. É por aqui?

¿Podría usted indicarme dónde puedo recoger mi tarjeta de embarque?
Por favor, pode me dizer onde retiro meu cartão de embarque?

¿Adónde tengo que ir para embarcar el vehículo?
Onde faço o embarque do carro?

Por favor, ¿dónde se compran los billetes del ferry?
Por favor, onde posso comprar passagens para a balsa?

Perdone, ¿esta cola es para subir al barco?
Com licença, esta é a fila para subir a bordo?

¿Sabe si el barco llega con retraso?
Sabe dizer se o barco está atrasado?

Por favor, ¿hay alguna sala donde podamos esperar hasta la hora del embarque?
Por favor, onde podemos aguardar a hora do embarque?

3. A bordo

Encontrar seu lugar ou sua cabine

A bordo, você terá de encontrar seu lugar ou sua cabine:

Perdone, ¿este asiento está libre?
Com licença, este lugar está livre?

¿Hay alguien sentado aquí?
Há/Tem alguém sentado aqui?

¿Podría decirme dónde está la cabina nº 20, por favor?
Por favor, poderia me dizer onde fica a cabine número 20?

¿Sabe usted si la cabina 58 está en esta cubierta?
O senhor sabe se a cabine 58 fica neste convés?

¿Para ir al camarote 15, por favor?
Por favor, onde fica a cabine 15?

Orientar-se no navio

Para conhecer o navio, você pode recorrer às seguintes perguntas:

> *¿Podría decirme dónde están los servicios, por favor?*
> *Por favor, onde ficam os banheiros?*

> *¿Hay alguna cafetería en esta cubierta?*
> *Há alguma lanchonete neste convés?*

> *¿Sabe usted cómo ir a la cubierta, por favor?*
> *O senhor sabe como se vai ao convés?*

10 Informar-se a bordo

As perguntas abaixo poderão ajudá-lo a enfrentar alguns problemas comuns a bordo:

> *¿Hay médico a bordo, por favor?*
> *Por favor, há um médico a bordo?*

> *¿Dónde podría conseguir una pastilla para el mareo?*
> *Onde posso conseguir um comprimido para enjôo?*

> *He perdido el reloj, ¿podría preguntar por megafonía si lo ha encontrado alguien, por favor?*
> *Perdi o relógio. Poderia perguntar pelo alto-falante se alguém o encontrou?*

Teste seus conhecimentos

I. Qual é a pergunta adequada a cada uma das respostas abaixo?

1. ***Cada dos horas.***
   (a) *¿Cuánto dura la travesía?*
   (b) *¿Hay algún ferry nocturno a Algeciras?*
   (c) *¿Con qué frecuencia salen los ferrys?*

2. ***Lo siento, está ocupado.***
   (a) *¿Hay médico a bordo, por favor?*
   (b) *Perdone, ¿este asiento está libre?*
   (c) *¿Esta cola es para subir al barco?*

3. ***En la segunda cubierta.***
   (a) *Por favor, ¿dónde está el camarote 15?*
   (b) *¿Adónde tengo que ir para embarcar el vehículo?*
   (c) *¿Dónde se compran los billetes del ferry a Sete?*

II. Complete com as palavras adequadas:

1. *¿A qué hora .... el último ferry?*
2. *¿Cuál es la diferencia de precio entre el billete en butaca y el billete en .... doble?*
3. *¿Podría usted indicarme dónde puedo recoger mi .... de embarque?*
4. *¿Está permitido llevar perros a ....?*
5. *¿Dónde podría consegui.......................... una para el mareo?*

Respostas:

I. *1c - 2b - 3a*

II. *sale - cabina - tarjeta - bordo - pastilla*

Organizar sua estadia
Na cidade

1. No serviço de informações ao turista

Procurar acomodação

Se você não fez reserva de acomodações, poderá obter valiosas informações nos postos de informações turísticas:

Buscamos una habitación para una noche.
Estamos procurando um quarto para uma noite.

¿Podría usted llamar al hotel para hacer la reserva en nuestro nombre, por favor?
Poderia ligar para o hotel e fazer uma reserva em nosso nome, por favor?

¿Hay algún hotel barato en esta zona?
Há algum hotel econômico nesta região?

¿Tiene información sobre alojamiento en casas particulares?
Por favor, podem me informar a respeito de hospedagem em casa de família?

Os pontos turísticos

Nos postos de informações ao turista, você também poderá informar-se sobre os pontos turísticos e as manifestações culturais da região visitada:

¿Qué hay para ver en la ciudad?
O que há de interessante para se ver na cidade?

Estamos de paso y sólo tenemos unas horas. ¿Qué nos recomienda visitar?
Estamos de passagem e só temos algumas horas. Que visitas vocês nos recomendam?

¿Hay algún lugar que sea de visita obligatoria?
Há algum lugar imperdível?

¿Cuáles son los museos más interesantes?
Quais são os museus mais interessantes?

¿Hay algún evento importante en estas fechas?
Há algum evento importante neste período?

¿Tiene algún folleto turístico de la ciudad?
Vocês têm algum folheto turístico da cidade?

¿Hay algún monumento interesante en los alrededores?
Há algum monumento interessante por perto?

¿Podría darme información sobre el patrimonio cultural de la región?
Poderiam dar informações sobre o patrimônio cultural da região?

Os horários de funcionamento

Os postos de informações ao turista também podem fornecer os horários de funcionamento das lojas, dos bancos, dos monumentos, dos museus, etc.

¿Qué horarios tienen las tiendas?
Qual é o horário de funcionamento das lojas?

¿A qué hora abren las tiendas?
A que horas as lojas abrem?

¿Los bancos abren/están abiertos los sábados?
Os bancos abrem aos sábados?

¿El museo está abierto todos los días?
O museu abre todos os dias?

¿El museo está abierto/cerrado por la tarde?
O museu abre/fecha à tarde?

¿Hasta qué hora se puede entrar en el palacio?
Até que horas podemos visitar o palácio?

¿A partir de qué hora se puede visitar el monasterio?
A que horas começam as visitas ao monastério?

¿A qué hora es la visita guiada por los jardines del castillo?

A que horas começa a visita guiada aos jardins do castelo?

¿Las excursiones en barco se organizan durante todo el año?
Os passeios de barco acontecem o ano inteiro?

¿Tiene un horario de autobuses/trenes?
Vocês têm os horários dos ônibus/trens?

Observação
Os horários espanhóis diferem bastante dos nossos. O período da manhã se prolonga até as 14h, hora do almoço, e o da tarde começa por volta das 17h, pois lá escurece bem mais tarde.
Os horários de funcionamento do comércio, dos serviços administrativos e financeiros seguem o mesmo modelo. Os bancos e as agências de correio abrem de segunda a sábado das 9h às 14h. O comércio abre das 9h30 às 13h30 e das 16h30 às 20h; no verão, até às 22h; e fecham aos domingos. É cada vez mais freqüente a abertura das lojas no período do almoço. Como no Brasil, os museus espanhóis geralmente fecham às segundas-feiras.

2. Orientar-se

Perguntar o caminho

Com estes modelos seguintes, você poderá perguntar o melhor caminho:

Por favor, ¿podría decirme dónde está la estación?
Por favor, poderia me dizer onde fica a estação?

Perdone, estoy buscando la oficina de turismo.
Desculpe, estou procurando o posto de informações turísticas.

¿Podría indicarme en el plano dónde está el hotel Internacional?
Poderia me mostrar no mapa onde fica o hotel Internacional?

Disculpe, ¿sabe usted si el mercado está/queda muy lejos?
Com licença, o senhor sabe se o mercado está/fica longe daqui?

Por favor, ¿esta calle lleva al monasterio?
Por favor, esta rua vai até o monastério?

Perdone, ¿podría usted indicarme cómo ir al centro?
Com licença, poderia me indicar como ir ao centro (da cidade)?

¿Para ir a la universidad voy bien por aquí?
Estou no caminho certo para ir à universidade?

11 Escute o diálogo entre uma turista e um pedestre:

Turista	*Perdone, ¿podría decirme cómo ir a la Plaza del Ayuntamiento?*
Peatón	*Coja la primera calle a la derecha y siga recto unos cien metros. Cuando vea una farmacia, gire otra vez a la derecha. Allí mismo verá la Plaza.*
Turista	*Muchas gracias. Ha sido usted muy amable.*
Peatón	*De nada.*

Turista	*Por favor, poderia me indicar como vou para a Plaza del Ayuntamiento (Praça da Prefeitura)?*
Pedestre	*Vire na primeira à direita e vá em frente por uns cem metros. Quando avistar uma farmácia, vire de novo à direita. É ali que fica a praça.*
Turista	*Obrigada pela gentileza.*
Pedestre	*De nada.*

Responder que não pode dar informações

Caso um outro turista lhe peça informações:

Perdone, no soy de aquí, no puedo ayudarle.
Desculpe, não sou daqui, não posso ajudá-lo.

Lo siento, no lo sé, también soy extranjero. Pero si quiere mirarlo, llevo un plano de la ciudad.
Desculpe, não sei, também sou estrangeiro. Mas, se quiser dar uma olhada, tenho uma mapa da cidade.

3. Os transportes coletivos

O metrô

As frases seguintes poderão ser úteis para pegar o metrô:

¿En este andén se coge el metro que va dirección Canillejas o dirección Casa de Campo?
Nesta plataforma se pega o metrô para Canillejas ou para Casa de Campo?

¿Para ir a la estación de Sants hay que hacer transbordo?
Para ir à estação de Sants é preciso fazer baldeação?

¿Qué línea tengo que coger para ir al zoo?
Que linha devo pegar para ir ao zoológico?

¿Por dónde tengo que ir para hacer transbordo a la línea roja/línea uno?
Onde se faz a baldeação para a linha vermelha/linha um?

¿En qué estación tengo que bajar para ir a la Plaza Mayor?
Em que estação devo descer para chegar à Plaza Mayor?

¿Podrá avisarme cuando lleguemos a la estación?
Poderia me avisar quando chegarmos à estação?

Os ônibus

Para tomar um ônibus, você pode fazer uso das frases a seguir:

¿Podría decirme dónde se compran los billetes, por favor?
Por favor, poderia me dizer onde posso comprar os bilhetes/passes?

¿Existen tarjetas multiviajes?
Há bilhetes/passes para múltiplas viagens?

¿El 56 pasa por el centro?
O (ônibus da linha) 56 passa pelo centro?

¿En qué parada tengo que bajar para ir a la universidad?
Em que ponto devo descer para ir à universidade?

¿Cuántas paradas faltan para llegar a la Plaza Castilla? ¿Podría avisarme cuando tenga que bajar?
Quantas paradas faltam para chegar à Plaza Castilla? Poderia me avisar quando for para (eu) descer?

Os táxis

Para pegar um táxi, as frases que você poderá utilizar são deste tipo:

¿Podría llamarme un taxi para ir a la estación, por favor?
Poderia me chamar um táxi para ir à estação, por favor?

¿Dónde está la parada de taxis?
Onde é o ponto de táxis?

¿Puede llevarme a esta dirección, por favor?
Poderia me levar neste endereço, por favor?

Observação
Linhas de microônibus confortáveis e econômicos ligam as cidades da Espanha, saindo geralmente de uma *estação rodoviária* (*estación de autobuses*).

4. Os serviços

12 O correio

A seguir, algumas frases que poderão ajudá-lo no correio:

Quisiera un sello para enviar esta carta a Francia.
Por favor, um selo para enviar esta carta à França.

¿Tienen sellos de colección?
Vocês vendem selos de coleção?

¿Tienen tarjetas de teléfono?
Vocês têm cartões telefônicos?

Quiero enviar una carta certificada. ¿Podría darme un impreso?
Quero mandar uma carta registrada. Poderia me dar um formulário?

¿Podría pesarme esta carta y decirme cuánto me costaría enviarla por correo urgente a São Paulo?
O senhor poderia pesar esta carta e dizer quanto custaria enviá-la com urgência a São Paulo?

No banco

Se você precisar usar os serviços bancários, pode usar as frases abaixo como modelo:

Quisiera abrir una cuenta en su banco.
Por favor, quero abrir uma conta neste banco.

¿Puedo ingresar dinero desde cualquier oficina?
Posso fazer depósitos em qualquer agência?

¿Podría hacer una transferencia a este número de cuenta?
O senhor pode, por favor, fazer uma transferência para esta conta?

¿Podría decirme qué saldo tengo en mi cuenta?
Pode informar qual é o saldo de minha conta?

¿Dónde hay un cajero automático?
Onde há um caixa automático?

No me funciona la tarjeta. Creo que tiene la banda magnética rayada. ¿Podría hacerme una tarjeta nueva?
Meu cartão não está funcionando. Acho que a tarja magnética está riscada. Poderiam me fazer um cartão novo?

¿Podría cambiarme este billete de 500 euros en billetes de 100 y 50 euros?
Por favor, podem trocar esta nota de 500 euros por notas de 100 e de 50?

O substantivo espanhol *billete* significa tanto *passagem, bilhete, ingresso* como *nota, cédula de dinheiro*.

5. As lojas

13 Fazer compras

Se você gosta de ir às compras, aqui estão algumas frases que lhe serão úteis:

¿Dónde está el barrio comercial, por favor?
Onde fica o centro comercial, por favor?

¿Puede decirme dónde hay unos grandes almacenes, por favor?
Poderiam me dizer onde ficam as lojas de departamentos, por favor?

¿Hay algún mercado por aquí?
Há algum mercado por aqui?

Busco una tienda de antigüedades que me han dicho que está en esta calle.
Estou procurando uma loja de antiguidades; disseram que ficava nesta rua.

¿Sabe dónde puedo comprar un paraguas, por favor?
O senhor sabe onde posso comprar um guarda-chuva?

¿Sabe si cerca de aquí hay alguna tienda de souvenirs?
Sabe onde encontro uma loja de lembranças aqui por perto?

Observe que em espanhol às vezes é usado o galicismo *souvenir* para indicar o objeto comprado como recordação, mas também existe a palavra *recuerdo*, que tem praticamente o mesmo significado de *lembrança*.

Nas lojas

As frases abaixo serão úteis durante suas compras nas lojas:

No quería nada en concreto, estoy echando un vistazo.
Não estou procurando nada, só estou dando uma olhada.

¿Cuánto vale este libro?
Quanto custa este livro?

Este móvil es demasiado caro. ¿Tiene algún modelo más barato?
Este celular é muito caro. Vocês têm um modelo mais barato?

¿Admiten tarjetas de crédito?
Aceitam cartões de crédito?

No estoy convencido. Me lo pensaré.
Ainda não (me) decidi. Vou pensar.

Por favor, enséñeme aquel reloj.
Por favor, poderia me mostrar aquele relógio?

Si me llevo tres, ¿me hará algún descuento?
Se eu levar três, você faz um desconto?

Creo que tiene una tara. ¿Podría darme otro?
Esta peça está com defeito. Poderia me dar uma outra?

¿Cuánto tiempo de garantía tiene?
Quanto tempo tem de garantia?

¿Puede sellarme la garantía?
O senhor poderia carimbar/selar a garantia?

¿Podría envolvérmelo para regalo, por favor?
Pode embrulhar para presente, por favor?

Si no le fuese bien el anillo, ¿me lo cambiarían?
Se ele/ela não gostar do anel, posso trocá-lo?

Nas lojas de roupas

Ao comprar roupas, você poderá usar frases como:

¿Dónde están los probadores, por favor?
Onde ficam os provadores?

No me va bien este jersey, es demasiado estrecho/ancho/corto/largo.
Este suéter não me cai bem, está muito apertado/largo/curto/comprido.

¿Podría darme una talla más, por favor?
Poderia me dar um tamanho maior, por favor?

¿En qué colores tienen estas bragas/faldas?
Em que cores vocês têm estas calcinhas/saias?

¿Tienen algún otro estampado?
Vocês têm outras estampas?

¿Esta chaqueta/Este saco se puede lavar en la lavadora o sólo se puede lavar en seco?
Este paletó pode ser lavado na máquina ou só se pode lavar a seco?

A este abrigo le falta un botón. ¿Me haría alguna rebaja?
Está faltando um botão neste casaco. Poderia me fazer um desconto?

¿Dónde está la sección de caballeros/señoras/niños, por favor?
Onde fica a seção de homens/mulheres/crianças, por favor?

¿Hay alguna sección de tallas grandes?
Há alguma seção de tamanhos grandes?

Los pantalones me van bien, pero tendría que acortarlos. ¿Hacen ustedes arreglos?
Esta calça me cai bem, mas seria necessário encurtá-la. Vocês fazem ajustes?

Atenção: em espanhol, *largo* significa *comprido*, *longo*; para traduzir o português *largo*, usa-se *ancho*.

Teste seus conhecimentos

I. Complete as frases seguintes com o verbo mais conveniente:

1. *¿Podría .... en el plano dónde está el Hotel Velázquez?*
2. *¿Qué me .... visitar en esta región?*
3. *¿Los bancos .... los sábados?*
4. *Perdone, estoy .... la oficina de turismo. Me han dicho que está en esta calle.*
5. *Por favor, esta calle .... al monasterio?*
6. *¿Para ir a la universidad hay que .... transbordo?*
7. *¿Qué línea tengo que .... para ir al centro?*
8. *¿En qué parada tengo que .... para ir al zoo?*
9. *¿Cuántas paradas .... para llegar a la Plaza Castilla?*
10. *¿Podría darme un impreso para .... una carta certificada?*
11. *¿Podría .... este billete de 500 euros en billetes de 50 euros?*
12. *¿Puede .... el reloj para regalo?*

II. Qual é a pergunta adequada a cada uma das resposta abaixo?

1. ***Sí, excepto los lunes por la tarde.***
   (a) *¿El palacio está abierto los fines de semana?*
   (b) *¿El museo está abierto todos los días?*
   (c) *¿Las tiendas cierran al mediodía?*

2. ***No, va usted en dirección contraria.***
   (a) *¿Sabe usted si el mercado está muy lejos?*
   (b) *Disculpe, ¿podría indicarme cómo ir al centro?*
   (c) *¿Para ir al centro voy bien por aquí?*

3. ***En la próxima parada.***
   (a) *¿Cuántas paradas faltan para llegar a la Plaza Castilla?*
   (b) *¿En qué parada tengo que bajar para ir a la universidad?*
   (c) *¿El 56 pasa por el centro?*

Respostas:

I. *indicarme - recomienda - abren - buscando - lleva - hacer - coger - bajar - faltan - enviar - cambiarme - envolver*

II. *1b - 2c - 3b*

Hospedagem em hotel

1. Na chegada ao hotel

Sem reserva

Se você não fez reserva, precisará perguntar se há lugares disponíveis no hotel:

> *Buenas tardes. Quisiera una habitación individual/doble para cinco noches.*
> *Boa tarde. Por favor, eu queria um quarto individual/duplo para cinco noites.*
>
> *¿Tienen una habitación libre para esta noche?*
> *Vocês têm quarto para esta noite?*
>
> *¿Saben de algún otro hotel por esta zona que no tenga todas las habitaciones ocupadas?*
> *Sabem de algum outro hotel na região que não esteja lotado?*

Perguntar os preços

Para saber os preços das acomodações, você poderá usar frases como as seguintes:

> *¿Cuál es el precio de una habitación individual por noche?*
> *Qual é o preço por noite de um quarto individual?*
>
> *¿Los precios de las habitaciones son por persona o por noche?*
> *O preço é por pessoa ou por noite?*
>
> *¿El desayuno está incluido en el precio?*
> *O café da manhã está incluído na diária?*
>
> *¿Los precios incluyen el IVA?*
> *Os impostos estão incluídos no valor da diária?*

Perguntar sobre a acomodação

Com certeza você terá algumas exigências quanto à acomodação desejada e deverá saber manifestá-las:

¿Podría enseñarme una habitación, por favor?
Posso ver o quarto, por favor?

¿Tienen habitaciones que no den a la calle?
Vocês têm quartos afastados da rua?

Nos gustaría una habitación con vistas al mar. ¿Les queda alguna libre?
Gostaríamos de um quarto com vista para o mar. Vocês ainda têm algum?

Queremos una habitación doble con camas individuales.
Queremos um quarto duplo com camas de solteiro.

Nos gustaría una habitación con cama de matrimonio.
Gostaríamos de um quarto com cama de casal.

¿Se puede poner una cama supletoria en la habitación?
Podem instalar uma cama extra no quarto?

¿Podrían ponernos una cuna junto a la cama de matrimonio?
Vocês poderiam colocar um berço ao lado da cama de casal?

¿Todas las habitaciones tienen baño?
Todos os quartos possuem banheiro?

¿A qué hora quedará libre la habitación?
A que horas o quarto estará disponível?

⚠ **Se você quiser um quarto com cama de casal, deve pedir *una habitación doble con una cama*. Se quiser duas camas de solteiro, deve pedir *una habitación doble con dos camas*.**

Com reserva

Se fez reserva antes de partir, você poderá se apresentar à recepção do hotel com frases como:

> *Teníamos reservada una habitación doble a nombre de Miguel Fernández.*
> *Reservamos um quarto duplo em nome de Miguel Fernández.*
>
> *Buenos días, soy Laura Segura. He llamado esta mañana para reservar una habitación.*
> *Bom dia, sou Laura Segura. Liguei esta manhã para reservar um quarto.*

⚠ **A palavra *mañana* pode designar *manhã* ou *amanhã*. Para indicar *amanhã de manhã* em espanhol usa-se *mañana por la mañana*.**

14 A recepcionista de um hotel conversa com um cliente:

Recepcionista	*Buenas tardes. ¿En qué puedo ayudarle?*
Cliente	*Buenas tardes. Mire, tengo una habitación reservada a nombre de Melendo.*
Recepcionista	*Deje que lo mire. A ver... Sí, una habitación doble para tres noches. ¿No es eso?*
Cliente	*Exacto.*
Recepcionista	*Muy bien, señor Melendo, rellene, por favor, esta ficha. Ponga sus datos y firme aquí abajo. Déjeme su carnet de identidad o pasaporte.*
Cliente	*Aquí tiene.*
Recepcionista	*Gracias. Ahora lo acompañan a ver su habitación.*
Cliente	*Muchas gracias.*

Recepcionista	*Boa tarde. Em que posso ajudá-lo?*
Cliente	*Boa tarde. Reservei um quarto em nome de Melendo.*

Recepcionista	*Um momento, por favor. Aqui está, um quarto para três noites. Correto?*
Cliente	*Sim.*
Recepcionista	*Bem, senhor Melendo, queira preencher esta ficha, por favor. Coloque seus dados e assine embaixo. Dê-me sua carteira de identidade ou seu passaporte.*
Cliente	*Aqui está.*
Recepcionista	*Obrigada. Vão levá-lo agora mesmo a seu quarto.*

Observação

Os hotéis espanhóis (*hoteles*) são classificados de 1 a 5 estrelas. Um hotel três estrelas espanhol corresponde mais ou menos a um hotel de duas estrelas francês. Alguns hotéis têm certificado de *gran lujo* (*alto luxo*). Há também *hostales* ou *hostal-residencias*, mais modestos que os *hoteles* e sem sala de refeições.

2. No hotel

Os serviços oferecidos

Para inteirar-se dos serviços oferecidos pelo hotel, você poderá fazer as seguintes perguntas:

Por favor, ¿cambian moneda en el hotel?
Por favor, há serviço de câmbio no hotel?

¿Tienen servicio de lavandería?
Vocês têm serviço de lavanderia?

¿A qué hora hacen las habitaciones?
A que horas vocês arrumam os quartos?

¿Hasta qué hora está abierta la cafetería?
Até que horas a lanchonete fica aberta?

Pedir serviços

Se você tiver algum pedido especial, poderá solicitá-lo usando os modelos abaixo:

¿Podrían despertarme a las 6:45, por favor?
Poderiam me acordar às 6h45, por favor?

¿Podrían servirme el desayuno en la habitación?
Por favor, vocês servem o café da manhã no quarto?

Quisiera dar ropa a lavar y planchar. ¿Cuándo estaría lista?
Queria mandar algumas roupas para lavar e passar. Quando ficariam prontas?

¿Podrían ponernos más toallas, por favor?
Poderiam nos enviar mais toalhas, por favor?

¿Podrían dejarme una plancha/un secador de pelo?
Poderiam me fornecer um ferro de passar roupas/um secador de cabelos?

As refeições

Aqui estão algumas frases que poderão ser úteis se você quiser almoçar ou jantar no hotel:

¿A qué hora sirven el desayuno/la comida/la cena?
A que horas é servido o café da manhã/o almoço/o jantar?

¿A partir de qué hora y hasta qué hora sirven el desayuno?
De que horas a que horas servem o café da manhã?

¿Qué tipo de desayuno sirven? ¿Es desayuno continental o inglés? ¿Hay buffet (libre)?
Como é o café da manhã, continental ou inglês? Há serviço de bufê?

¿Tienen menús al mediodía?
Há refeições fixas mais econômicas na hora do almoço?

¿Tienen menús de régimen?
Há refeições específicas para quem está de dieta?

¿Tienen algún plato típico de la región?
Vocês servem algum prato típico da região?

Pedir ajuda

Se tiver problemas, peça ajuda usando frases como as dos modelos:

No podemos bajar/subir la persiana. ¿Podrían enviarme a alguien, por favor?
Não estamos conseguindo abaixar/levantar a persiana. Podem mandar alguém aqui por favor?

Se ha fundido la bombilla de una de las lámparas. ¿Podría venir alguien a cambiarla?
Uma das lâmpadas do quarto queimou. Alguém poderia vir trocá-la?

¿Podría decirme cómo se quita la calefacción/ el aire acondicionado, por favor?
Poderiam me dizer como se desliga o aquecimento/o ar-condicionado, por favor?

Hace más de una hora que estoy esperando el servicio de habitaciones.
Faz mais de uma hora que estou esperando o serviço de quarto.

¿Podría decir a nuestros vecinos de habitación que bajasen el televisor/que hiciesen menos ruido?
Por favor, poderiam pedir aos vizinhos do quarto ao lado que abaixem o volume da televisão/façam menos barulho?

Fazer uma reclamação

Caso você não tenha ficado satisfeito com o serviço do hotel e queira fazer uma reclamação ou uma queixa ao responsável, poderá usar frases como:

¿Podría hablar con el director del hotel?
Por favor, quero falar com o gerente.

Exijo hablar con el responsable.
Exijo falar com o responsável pelo estabelecimento.

¿Tienen libro de reclamaciones?
Existe algum livro de reclamações?

Quisiera expresarle mi descontento.
Queria demonstrar meu descontentamento.

El trato recibido me parece intolerable.
O tratamento recebido é inaceitável.

¿Cómo piensan solucionar este problema?
Como pretendem resolver esse problema?

¿Voy a recibir alguna compensación por parte del hotel?
Vou receber algum tipo de compensação por parte do hotel?

15 3. Na saída do hotel

Preparativos para a saída

Aqui estão algumas frases que poderão ajudá-lo quando estiver deixando o do hotel:

¿A qué hora tenemos que dejar libre la habitación?
A que horas temos de fazer o check-out?

¿Pueden guardarme las maletas en el hotel durante unas horas una vez haya dejado la habitación?
Podem guardar minhas malas por algumas horas, depois do check-out?

¿Podemos esperar sentados en el vestíbulo hasta que llegue el taxi?
Podemos sentar no vestíbulo até a chegada do táxi?

Pagar a conta

Antes de sair do hotel, você poderá pedir a conta com frases como:

¿Podría prepararme la cuenta, por favor?
Podem fechar minha conta, por favor?

¿Puedo pagar con tarjeta de crédito?
Posso pagar com cartão de crédito?

¿Puede darme la factura, por favor?
Podem me dar uma nota/um recibo, por favor?

Hay un error en la cuenta.
Acho que a conta está errada.

Me han dicho que mi empresa les abonaría la factura.
Foi acertado que minha empresa pagaria a conta.

Testes seus conhecimentos

I. Complete as frases abaixo com a palavra mais conveniente:

1. *¿A qué hora quedará .... la habitación?*
2. *Tengo una habitación .... a nombre de Melendo.*
3. *Queremos una habitación con .... individuales.*
4. *Hace más de una hora que estoy esperando el .... de habitaciones.*

II. Qual é a pergunta adequada a cada uma das respostas abaixo?

1. ***Lo siento, están todas ocupadas.***
   (a) *¿Tienen baño las habitaciones?*
   (b) *¿Todas las habitaciones son iguales?*
   (c) *¿Tienen una habitación libre para esta noche?*
2. ***De 7 a 10:30 de la mañana.***
   (a) *¿A partir de qué hora y hasta qué hora sirven el desayuno?*
   (b) *¿Podría enseñarme una habitación, por favor?*
   (c) *¿Hasta qué hora está abierta la cafetería?*
3. ***Continental.***
   (a) *¿Hay buffet libre?*
   (b) *¿Tienen menús de régimen?*
   (c) *¿Qué tipo de desayuno sirven?*

4. ***No se preocupe, ahora le enviamos a alguien.***
   (a) *¿Podría hablar con el director del hotel?*
   (b) *Se ha fundido una bombilla. ¿Podría venir alguien a arreglarla?*
   (c) *¿Podría decir a nuestros vecinos de habitación que bajasen el televisor?*

5. ***No, sólo aceptamos dinero en efectivo.***
   (a) *¿Me puede traer la factura, por favor?*
   (b) *¿Se puede pagar con tarjeta de crédito?*
   (c) *¿Tienen cambio de 500 euros?*

Respostas:

I. *libre - reservada - camas - servicio*

II. *1c - 2a - 3c - 4b - 5b*

Hospedagem ao ar livre

1. No camping

Fazer uma reserva

Na alta temporada, é recomendável reservar com bastante antecedência uma área para acampar (barraca, chalé, trailer, motor home, etc). É importante também informar-se sobre o camping e pedir detalhes das acomodações desejadas:

Quisiera reservar una parcela para 4 noches.
Queria reservar uma vaga por quatro noites.

¿Podría reservar una parcela para caravana?
Por favor, poderia reservar uma vaga para trailer?

Viajamos en una autocaravana. ¿Podría reservar una parcela grande?
Estamos viajando em motor home. Por favor, poderia reservar uma vaga espaçosa?

Si es posible, quisiera reservar una parcela sombreada y tranquila, no muy cerca de los sanitarios.
Se for possível, gostaria de um lugar sossegado, na sombra, não muito perto dos sanitários.

¿Les queda algún mobile-home para la primera quincena de julio?
Vocês ainda têm casa móvel para a primeira quinzena de julho?

¿Tienen bungalows para 6 personas?
Vocês têm bangalôs para 6 pessoas?

⚠ **Um *bungalow* é uma casa térrea, de madeira e bem arejada, própria para clima quente, chamada de *bangalô* ou *chalé* no Brasil. Em sua origem, os bangalôs tinham estilo indiano, assim como os chalés tinham estilo alpino, lareira e telhado inclinado para não reter neve.**

Quisiera reservar un bungalow de 4 plazas.
Gostaria de reservar um bangalô de 4 lugares.

¿Los bungalows están equipados con utensilios de cocina, ropa de cama y toallas?
Os bangalôs são equipados com utensílios de cozinha e com roupa de cama, mesa e banho?

¿Tienen tiendas ya montadas para alquilar?
Vocês alugam barracas montadas?

¿Tienen parcelas con toma de agua?
Vocês têm áreas com ligação de água?

¿Las parcelas tienen desagüe para WC químico?
As áreas têm sistema de escoamento para WC químico?

¿Hay toma de electricidad en todas las parcelas?
Todas as áreas são providas de eletricidade?

¿A cuántos kilómetros de la playa está el camping?
A quantos quilômetros da praia fica o camping?

¿Se puede ir andando al pueblo desde el camping?
Dá para ir a pé do camping até o vilarejo?

Perguntar os preços

Para obter informações sobre os preços, utilize os modelos de frases seguintes:

¿Podría decirme cuánto me costaría por noche una parcela con toma de agua y electricidad más dos adultos y tres niños, uno de ellos menor de tres años?
Por favor, quanto é o pernoite em uma área com ligação de água e energia para dois adultos e três crianças, uma delas menor de três anos?

¿Podría decirme el precio por noche del bungalow de seis plazas?
Qual é o preço do pernoite em um bangalô de seis lugares?

¿El precio de la parcela incluye la toma de electricidad, la caravana y el coche?
O preço da área inclui a eletricidade, o trailer e o carro?

Os serviços

Para informar-se sobre os serviços oferecidos pelo camping, use os modelos abaixo:

¿Hay lavandería en el camping?
O camping tem lavanderia?

¿Las lavadoras funcionan con fichas o con monedas?
As máquinas de lavar roupas funcionam com fichas ou com moedas?

¿Hay algún sitio donde pueda lavar, secar y planchar la ropa?
Tem algum lugar para lavar, secar e passar a roupa?

¿Hay supermercado en el camping? ¿Y quiosco de periódicos?
Tem supermercado no camping? E banca de jornais?

¿Reciben prensa extranjera en el camping?
Vocês recebem jornais estrangeiros?

¿Tienen enfermería en el camping?
O camping tem enfermaria?

16 As atividades

Sempre é bom saber com antecedência quais atividades e distrações o camping oferece. Faça perguntas como:

¿Hay piscina en el camping?
O camping tem piscina?

¿Tienen pistas de tenis? ¿Y minigolf?
Vocês têm quadras de tênis? E minigolf?

¿Alquilan bicicletas?
Alugam bicicletas?

¿Hay parque infantil? ¿Organizan actividades para niños?
Vocês têm playground? Organizam atividades para crianças?

¿Hay discoteca en el camping?
O camping tem discoteca?

¿Qué actividades organizan? ¿Hay baile por las noches?
Que atividades (vocês) oferecem? Fazem bailes à noite?

¿Hay algún bar o restaurante en el camping?
O camping tem bar ou restaurante?

¿Está permitido hacer barbacoas?
É permitido fazer churrascos?

A chegada ao camping

Chegando ao camping, utilize as frases abaixo para pedir informações:

¿Tienen sitio en el camping? No tenemos reserva.
Ainda há vagas no camping? Não fizemos reserva.

Teníamos reservado un bungalow a nombre de López.
Reservamos um bangalô em nome de López.

¿Podemos entrar el coche dentro o lo dejamos en el aparcamiento?
Podemos entrar com o carro ou temos de deixá-lo no estacionamento?

17 Condições de estadia

Com as frases a seguir, você poderá resolver alguns problemas ou simplesmente pedir informações:

¿Podemos montar la tienda en cualquier sitio?
Podemos montar a barraca em qualquer lugar?

¿Tienen alguna otra parcela con más árboles? En ésta toca mucho el sol.
Tem outro lugar com mais árvores? Neste aqui bate muito sol.

En esta parcela hay muchas piedras y no podemos clavar bien los clavos. ¿Podríamos ponernos en otra?
Esta área tem muitas pedras e não dá para enterrar as estacas direito. Podemos mudar de lugar?

¿Dónde están los lavaderos, por favor?
Onde ficam os tanques de lavar roupa, por favor?

¿A qué hora cierran la entrada a vehículos por las noches?
Até que horas é permitida a entrada de veículos à noite?

2. No albergue da juventude

Fazer uma reserva

As frases abaixo poderão ser úteis para reservar um quarto ou uma vaga em um albergue da juventude:

¿Tienen plazas libres del 20 al 29 de junio?
Vocês têm vagas para o período de 20 a 29 de junho?

Quisiera reservar una cama para los días 17 y 18 de junio.
Por favor, queria reservar uma cama para os dias 17 e 18 de junho.

¿Cuántas literas hay en cada habitación?
Quantos beliches há por quarto?

¿Para alojarse en el albergue es obligatorio presentar el carnet de alberguista?
É obrigatório ter carteira da Associação de Albergues da Juventude para se hospedar aqui?

Perguntar o preço

Para perguntar os preços cobrados pelo albergue, você pode usar perguntas como:

¿Cuánto cuesta la noche en una habitación con literas?
Quanto é o pernoite em um quarto com beliches?

Quisiera saber el precio de las habitaciones dobles con baño exterior compartido.
Queria saber o preço dos quartos duplos com banheiro externo coletivo.

¿Los precios incluyen el desayuno?
Os preços incluem o café da manhã?

¿Tienen media pensión o pensión completa?
Vocês oferecem meia pensão ou pensão completa?

¿Cuánto cuestan las comidas?
Qual é o preço das refeições?

Informar-se sobre os serviços

Utilize as questões abaixo para saber mais sobre os serviços adicionais oferecidos no albergue:

¿Las habitaciones tienen baño?
Os quartos têm banheiro?

¿Cuántas habitaciones comparten el mismo baño?
Quantos quartos dividem o mesmo banheiro?

¿Tienen parking en el albergue?
O albergue tem estacionamento?

¿A qué hora cierran el albergue por las noches?
A que horas vocês fecham o albergue à noite?

Chegada ao albergue

18 Na chegada ao albergue, você pode precisar de frases como:

Tengo reservada una litera para tres noches.
Reservei um beliche para três noites.

¿Tienen camas libres para esta noche?
Vocês ainda têm camas para esta noite?

¿A qué hora tenemos que dejar la habitación por la mañana?
A que horas temos de sair do quarto pela manhã?

¿Te importaría cambiarme la litera de abajo por la de arriba?
Se importa de trocar comigo a cama de cima pela de baixo?

Observação

Na Espanha, é usual tratar alguém por *tú* (*tu/você*) principalmente entre os jovens, mesmo em relacionamentos recentes.

Teste seus conhecimentos

I. Complete as frases seguintes com palavras do capítulo:

1. *Quisiera reservar una* .... *para dos tiendas.*
2. *¿La* .... *de electricidad se paga aparte?*
3. *¿Para alojarse en un albergue juvenil es necesario el carnet de* .... *?*

II. Ordene as frases a partir da primeira:

1. *Camping El Monte. Buenos días.*
2. *Tres noches, para el 2, 3 y 4 de septiembre. Necesitamos una parcela para caravana grande.*
3. *¿Para cuántas noches?*
4. *Muy bien, tenemos un sector de parcelas grandes. ¿A nombre de quién hacemos la reserva?*
5. *Sí, pero no junto a la caravana. Tenemos una zona de aparcamiento.*
6. *De acuerdo. Muchas gracias y hasta el día dos.*
7. *Buenos días. Quisiera reservar una parcela para la primera semana de septiembre.*
8. *Alejandro Martínez. ¿Puedo aparcar el coche dentro del camping?*
9. *Hasta el día dos.*

Respostas:

I. *parcela - toma - alberguista*

II. *1 - 7 - 3 - 2 - 4 - 8 - 5 - 6 - 9*

Hospedagem em casa de família

1. Primeiros contatos com a família anfitriã

As apresentações

As apresentações mais comuns quando as pessoas se conhecem são:

Hola, soy David.
Oi, sou o David.

Hola, tú debes de ser Isabel.
Olá, você deve ser a Isabel.

A palavra *hola* possibilita estabelecer rapidamente o contato entre as pessoas. Esse modo de apresentação familiar é usualmente empregado por pessoas de todas as idades e classes sociais. Para cumprimentar de modo mais formal, usa-se *buenos días*, *buenas tardes* e *buenas noches*.

Após as apresentações, você poderá usar uma das fórmulas abaixo:

Encantado(a) (de conocerte).
Encantado(a) (por conhecê-lo/a).

Mucho gusto.
Muito prazer.

Você ainda poderá acrescentar:

¡Por fin nos conocemos!
Até que enfim nos conhecemos!

Me alegro de que por fin nos conozcamos.
Estou feliz por conhecê-lo(a).

No te hubiera reconocido por la foto. No te pareces en nada.

Se fosse pela foto, eu não o(a) teria reconhecido. Não se parece nada com ela.

Primeiras conversas

As primeiras expressões de cordialidade que você poderá empregar são:

Tenía muchas ganas de conoceros.
Eu queria muito/Estava louco para conhecê-los(as).

Muchas gracias por venir a buscarme al aeropuerto.
Obrigado por me buscar no aeroporto.

¿Hace mucho que vivís aquí?
Faz muito tempo que vocês moram aqui?

¿Puedo tutearos?
Posso tratá-los por vocês?

¿Habéis estado alguna vez en Brasil?
Vocês já estiveram no Brasil?

Os he traído un detalle: es una cosa típica de mi país. Espero que os guste.
Eu trouxe um presentinho para vocês: é uma coisa típica do meu país. Espero que gostem.

Observe o tom familiar da conversa expresso no tratamento com *vosotros*/*vosotras* (*vocês*), mais as respectivas concordâncias: *conoceros*, *vís* e *habéis*. Em uma conversa formal, o tratamento seria com *ustedes*, sendo a concordância *conocerlos(las)*, *viven* e *han*.

19 Fazer alguns elogios aos anfitriões pode ser uma boa maneira de descontrair o ambiente:

Me ha gustado mucho lo que he visto en el trayecto del aeropuerto.
Adorei tudo o que vi no trajeto do aeroporto.

¡Qué casa tan bonita!
Que casa mais bonita!

¡Hablas muy bien francés!
Você fala francês muito bem!

2. Fazer-se entender

20 Falar de seu espanhol

Provavelmente você terá de explicar a seus anfitriões algumas confusões devidas aos seus poucos conhecimentos da língua espanhola:

Disculpad mi español. Sólo llevo un año estudiándolo.
Desculpem meu espanhol. Faz só um ano que estou estudando.

Si hago alguna falta, no dudéis en corregirme.
Se eu errar, não hesitem em me corrigir, por favor.

Espero mejorar mi español durante la estancia.
Espero melhorar meu espanhol durante minha estadia aqui.

Pedir ajuda

Estas frases podem ajudá-lo a pedir ajuda quando precisar se expressar melhor:

¿Lo he dicho bien?
Falei certo?

¿Está bien dicho así?
É assim mesmo que se diz?

¿Es correcta la frase "Te llamaré más tarde"?
A frase "Te llamaré más tarde" está correta?

¿Cómo se llaman las máquinas para lavar la ropa?
Como é o nome das máquinas para lavar roupa?

¿Cómo se llama en español esto?
Como se chama isto em espanhol?

¿Qué quiere decir/significa "servilleta"?
O que quer dizer "servilleta"?

¿Cómo se pronuncia tu apellido?
Como se pronuncia o seu nome?

¿Cómo se escribe esta palabra?
Como se escreve esta palavra?

¿Se escribe con "b" o con "v"?
Esta palavra se escreve com "b" ou com "v"?

Perdona, no lo he entendido. ¿Puedes repetírmelo más despacio?
Desculpe, não entendi. Pode repetir mais devagar?

3. A vida em família

21 Horários e hábitos da família

Você precisará conhecer os horários da família que o recebe:

¿A qué hora os soléis levantar?
A que horas vocês costumam levantar?

Para dar idéia de hábito, o espanhol pode empregar *soler* + infinitivo, equivalente em português à construção *costumar* + infinitivo. Também podem ser usados o presente do indicativo e advérbios como *normalmente*, *siempre*, etc.

¿Os vais a dormir/acostáis tarde?
Vocês vão dormir tarde?

¿Hacéis la siesta normalmente?
Costumam fazer a sesta normalmente?

¿A qué hora te vas a trabajar?
A que horas você sai para trabalhar?

¿Trabajas los sábados?
Você trabalha aos sábados?

As refeições

As frases seguintes poderão ajudá-lo a informar-se sobre as refeições:

¿A qué hora desayunáis?
A que horas vocês tomam o café da manhã?

¿A qué hora soléis comer/cenar?
A que horas vocês almoçam/jantam?

¿Qué desayunáis normalmente?
O que vocês comem normalmente no café da manhã?

Lo siento, no puedo tomar café. Me pone muy nervioso.
Infelizmente não posso tomar café. Me deixa muito nervoso.

¿Quién cocina/hace la comida en la casa?
Quem faz a comida (aqui)?

¿Por lo general coméis en casa al mediodía?
Em geral vocês almoçam em casa?

Observe que a palavra *mediodía* refere-se ao período compreendido entre as 14 e 16 horas aproximadamente e não ao que vai até 12 às 14 horas, como no Brasil.

¿Tomáis algo a media tarde?
Vocês comem alguma coisa no meio da tarde?

Lo siento, pero soy vegetariano. No como carne.
Desculpe, sou vegetariano. Não como carne.

O verbo *comer* pode significar *comer, ingerir*, como no exemplo anterior, *no como carne* (*não como carne*), ou fazer a refeição principal do dia: *coméis en casa al mediodía*.

Conhecer a casa

Aqui estão algumas frases para ajudá-lo a conhecer os ambientes da casa, inclusive o quarto que lhe foi destinado:

¿Dónde está el baño, por favor?
Onde fica o banheiro, por favor?

¿Puedo usar este lavabo?
Posso usar este lavabo?

¿Dónde puedo guardar las maletas?
Onde posso guardar as malas?

¿Cuál es mi habitación?
Qual é o meu quarto?

¿Dónde cuelgo mi ropa/el abrigo?
Onde posso pendurar minhas roupas/meu casaco?

¿Puedo poner mi ropa en este armario?
Posso colocar minhas roupas neste armário?

¿Dónde están los vasos?
Onde ficam os copos?

¿En qué cajón están los cubiertos?
Em que gaveta guardam os talheres?

¿Dónde están las toallas?
Onde estão as toalhas?

Pedir ajuda

Se você desconhecer o funcionamento de certos objetos da casa, peça ajuda usando frases como estas:

¿Puedes enseñarme cómo funciona la ducha?
Pode me mostrar como funciona o chuveiro?

¿Cuál es el grifo de agua caliente/fría?
Qual é a torneira de água quente/fria?

¿Cómo se abre/cierra esta ventana?
Como se abre/fecha esta janela?

¿Cómo se baja/sube esta persiana?
Como se abaixa/levanta esta persiana?

¿Cómo se enciende/apaga el calentador?
Como faço para ligar/desligar o aquecimento?

No puedo encender el televisor. ¿Puedes ayudarme?
Não sei como ligar a televisão. Pode me ajudar?

No consigo apagar el televisor. ¿Puedes ayudarme?
Não consigo desligar a televisão. Você me ajuda?

¿Dónde está el interruptor de la luz?
Onde fica o interruptor da luz?

¿Dónde está la llave del gas?
Onde fica a chave do gás?

Observação

Uma refeição espanhola em geral se compõe de um prato principal acompanhado por uma *ensalada* (*salada*) e por um *postre* (*sobremesa*). Terminada a refeição, os espanhóis costumam continuar à mesa para conversar, trocar idéias, saboreando um digestivo ou tomando café. Esta tradição é chamada de *sobremesa*.

4. Pedidos e frases de cortesia

22 Pedir uma autorização

As frases abaixo vão ajudá-lo a pedir uma autorização:

¿Puedo llamar por teléfono?
Posso usar o telefone?

¿Podrías darme otra almohada, por favor?
Pode me arrumar outro travesseiro, por favor?

¿Tienes algún inconveniente en darme una llave?
Será que posso ficar com uma chave?

¿Puedo usar la plancha?
Posso usar o ferro de passar roupa?

Si no te importa, me gustaría ducharme.
Se não for incomodar, eu queria tomar um banho.

¿Te importaría despertarme a las siete?
Poderia me acordar às sete, se não for incômodo?

¿Podrías dejarme algún despertador?
Poderia me emprestar um despertador?

Pedir desculpas

Talvez você também tenha de se desculpar:

Siento haber llegado tan tarde.
Desculpe-me por ter chegado tão tarde.

Lo siento muchísimo. Se me ha caído el jarrón que había en mi habitación y se ha roto. He sido muy torpe. ¿Qué puedo hacer para compensarte?
Sinto muito. Derrubei o vaso que estava no meu quarto e ele quebrou. Como sou desastrado! Como posso te compensar?

Perdón por haberte despertado. Lo siento mucho. No volverá a ocurrir.
Desculpe-me por acordá-lo. Estou muito chateado! Não vai acontecer de novo.

Para indicar a repetição de uma ação, a língua espanhola emprega a expressão *volver a* + infinitivo que se traduz em português por *voltar a* + infinitivo ou por advérbios e locuções adverbiais como *de novo, mais uma vez, ainda, novamente*.

Oferecer ajuda

Se você quiser ajudar na casa, pode utilizar frases como:

¿Puedo ayudarte en algo?
Posso ajudar em alguma coisa?

Ya lavo yo los platos.
Eu lavo os pratos.

¿Quieres que vaya secando los cubiertos?
Eu enxugue os talheres?

¿Voy poniendo la mesa?
Posso pôr a mesa?

Dime si quieres que te ayude en algo.
Se precisar de ajuda, é só me dizer.

Siéntate. Ya lo hago yo.
Pode sentar. Eu faço isso.

Aceitar ajuda

As frases seguintes permitirão que você aceite a ajuda que seu anfitrião lhe oferece:

Muchas gracias.
Muito obrigado(a).

Muy amable.
É muita gentileza sua.

Sí, por favor.
Sim, por favor.

Si no te importa...
Se não for incomodar...

23 Recusar ajuda

Por outro lado, se não quiser aceitar algum oferecimento, você poderá utilizar as frases abaixo:

Muchas gracias, ya puedo yo solo.
Obrigado(a), mas posso fazer (isso) sozinho.

Todo está bien, gracias.
Está tudo bem, obrigado(a).

No hace falta, gracias.
Não precisa, obrigado(a).

No, gracias, he comido muy bien.
Não, obrigado(a); comi muito bem.

No te preocupes, ya me las arreglaré.
Não se preocupe, vou dar um jeito.

5. Fazer planos

Falar de suas intenções

Com as frases abaixo, você poderá pôr seu anfitrião a par de seus projetos:

Mañana me voy de excursión con la clase.
Amanhã vou fazer uma excursão com meus colegas de classe.

¿Os importa si viene un amigo a casa esta tarde?
Se não for problema, posso trazer um amigo aqui esta tarde?

Tengo clase a las dos.
Tenho aula às duas (horas).

Mañana saldré más pronto de casa.
Amanhã sairei de casa mais cedo.

Mañana tengo que levantarme temprano.
Amanhã tenho de levantar cedo.

Bueno, creo que me voy a dormir. Buenas noches.
Bom, acho que vou dormir. Boa noite.

24 Avisar sobre sua ausência

Para comunicar sua ausência ao anfitrião, você poderá usar as frases abaixo:

Me tengo que ir. Estaré aquí hacia las 4.
Tenho de sair. Estarei de volta lá pelas 4 (horas).

Bueno, me voy.
Bom, vou indo.

Estaré de vuelta a la hora de comer.
Estarei de volta na hora do almoço.

No me esperéis para comer.
Não me esperem para o almoço.

No creo que vuelva antes de las 10.
Acho que não volto antes das 10 (horas).

No me hagáis cena. Volveré tarde.
Não é preciso fazer jantar para mim. Voltarei tarde.

Esta noche me quedo en casa de un amigo.
Esta noite vou dormir na casa de um amigo.

No sé si ya os lo había comentado; mañana no estaré en todo el día.
Não sei se eu já tinha avisado que amanhã estarei fora o dia todo.

6. Despedida

Comunicar sua partida

As frases seguintes poderão ajudá-lo a contar ao seu anfitrião que você vai embora:

Mañana tengo que estar en el aeropuerto a las 7 de la mañana.
Amanhã tenho de estar no aeroporto às 7 da manhã.

Tengo que hacer la maleta. El taxi estará aquí dentro de una hora.
Tenho de arrumar as malas. O táxi estará aqui em uma hora.

El tren sale a las 10:30.
O trem sai às 10h30.

El taxi pasará por aquí a recogerme a las 17h.
O táxi vem me pegar às 17 horas.

He quedado con los otros estudiantes en la estación.
Vou encontrar meus colegas na estação.

Agradecer a seu anfitrião

Os modelos de frase abaixo possibilitam-lhe agradecer a seu anfitrião por sua hospitalidade:

Muchísimas gracias por vuestra hospitalidad.
Muito obrigado(a) por sua hospitalidade.

Muchas gracias por todo.
Muito obrigado(a) por tudo.

He estado muy a gusto en vuestra casa.
Fiquei muito à vontade em sua casa.

Lo he pasado estupendamente.
Passei momentos muito agradáveis.

Espero poder recibiros algún día en mi casa.
Espero poder recebê-los algum dia em minha casa.

Os estoy muy agradecida(a).
Estou muito grato(a).

Os habéis portado muy bien conmigo.
Vocês foram muito gentis comigo.

Me ha encantado conoceros.
Foi muito bom conhecê-los.

Os llamaré cuando llegue.
Telefono assim que chegar.

25 O diálogo seguinte pode ocorrer quando você estiver saindo da casa em que se hospedou:

Anfitrión *¿A qué hora sale el tren?*
Huésped *Dentro de una hora.*
Anfitrión *Pues habría que marcharse ya. ¿Lo tienes todo listo? ¿No te dejas nada?*
Huésped *Creo que lo tengo todo, gracias.*
Anfitrión *Espero que hayas estado bien con nosotros.*

Huésped *Muchísimo. Gracias por vuestra hospitalidad.*
Anfitrión *De nada. Vuelve cuando quieras. Nos gustaría mucho volverte a recibir en casa.*
Huésped *Este es un pequeño regalo por vuestra hospitalidad.*
Anfitrión *No tenías por qué. Gracias.*
Huésped *Es sólo un detalle. Ahora os toca a vosotros venir a visitarme.*

Anfitrião *A que horas sai o trem?*
Hóspede *Em uma hora.*
Anfitrião *Então já está na hora de ir para a estação. Você está pronta? Não esqueceu nada?*
Hóspede *Está tudo aqui, obrigada.*
Anfitrião *Espero que você tenha ficado bem conosco.*
Hóspede *Fiquei muito bem. Obrigada pela hospitalidade.*
Anfitrião *De nada. Volte quando quiser. Ficaremos muito felizes em recebê-la novamente em nossa casa.*
Hóspede *Aqui está um presentinho de agradecimento para vocês.*
Anfitrião *Não precisava. Obrigado.*
Hóspede *É só uma lembrancinha. Agora são vocês que têm de ir me visitar.*

Manter contato

As frases abaixo podem ajudá-lo a demonstrar sua vontade de manter contato com seu anfitrião:

Hasta pronto.
Até breve.

Espero que nos volvamos a ver.
Espero que a gente se veja de novo.

Si queréis ir ao Brasil, seréis bienvenidos.
Se quiserem vir ao Brasil, serão bem-vindos.

Volveré sin falta
Voltarei sem falta.

Eis um exemplo de carta de agradecimento para enviar a seu anfitrião pela ótima acolhida:

Queridos Carmen, José y Verónica:

Os escribo estas líneas para agradeceros la hospitalidad con que me recibisteis en vuestra casa. Me habéis hecho sentir como en mi propia casa y me habéis ayudado mucho con el español. Mi profesor me ha dicho que he mejorado mucho. Muchos recuerdos de mi parte a vuestros padres.

Me gustaría que vinieseis a pasar unos días a mi casa. Mi familia tiene muchas ganas de conoceros. Les he hablado mucho de todos vosotros. ¿En qué fechas os iría bien venir? Ya sabéis que podéis venir cuando queráis.

Un beso y un abrazo a todos.

Pedro

Queridos Carmen, José e Verónica:

Escrevo-lhes para agradecer sua hospitalidade durante minha estadia em sua casa. Graças a vocês, senti-me como se estivesse em minha própria casa, e vocês ainda me ajudaram bastante no espanhol. Meu professor disse que melhorei muito. Dêem lembranças minhas a seus pais.

Adoraria que viessem passar alguns dias em minha casa. Minha família tem muita vontade de conhecê-los. Falei muito de vocês para eles. Quando gostariam de vir? Sabem que podem vir quando quiserem.

Beijos e abraços a todos.

Pedro

Teste seus conhecimentos

I. Complete as frases abaixo com a preposição adequada:

1. *Encantada .... conocerte.*
2. *Muchas gracias .... venir a buscarme al aeropuerto.*
3. *Si hago alguna falta, no dudes .... corregirme.*
4. *¿Qué significa "servilleta" .... español?*
5. *¿Puedo ayudarte .... algo?*
6. *He estado muy .... gusto en vuestra casa.*

II. Escolha a pergunta correspondente a cada uma das respostas abaixo:

1. ***Hacia las tres.***
   (a) *¿A qué hora soléis comer?*
   (b) *¿A qué hora os levantáis normalmente?*
   (c) *¿Qué soléis desayunar?*
2. ***No hace falta, gracias.***
   (a) *¿Cómo se baja la persiana?*
   (b) *¿En qué puedo ayudarte?*
   (c) *¿Quieres que te ayude?*
3. ***Puedes ponerlas en el armario.***
   (a) *¿Puedo usar la plancha?*
   (b) *¿Dónde pongo las maletas?*
   (c) *¿Dónde cuelgo el abrigo?*

Respostas:

I. *de - por - en - en - en - a* **II.** *1a - 2c - 3b*

Praia e campo

1. Atividades e esportes náuticos

Perguntar sobre atividades e esportes náuticos

As questões abaixo podem ajudá-lo a obter informações sobre as modalidades esportivas praticadas no balneário em que você se hospedar:

> *¿Podría decirme qué deportes acuáticos se pueden practicar en estas playas?*
> *Poderia dizer quais esportes náuticos são praticados nestas praias?*
>
> *¿Hay algún sitio donde se pueda practicar windsurf o esquí acuático?*
> *Há algum lugar onde se possa praticar windsurfe ou esqui aquático?*
>
> *¿Dónde alquilan motos de agua/kayaks?*
> *Onde a gente pode alugar jet-skis/caiaques?*

⚠ **Para indicar uma forma impessoal, a língua espanhola emprega o pronome *se* seguido por um verbo na 3ª pessoa, como no exemplo, *¿Qué deportes acuáticos se pueden practicar?* ou um verbo na 3ª pessoa do plural, como na frase *¿Dónde alquilan motos de agua/kayaks?***

> *¿Cuál es el mejor lugar para hacer buceo/inmersión con botellas?*
> *Qual é o melhor local para fazer mergulho/mergulho livre?*
>
> *¿Dónde está el club de vela más cercano?*
> *Onde fica o clube de vela mais próximo?*
>
> *¿Hay algún lugar donde alquilen tablas de surf?*
> *Há algum lugar onde (se) aluguem pranchas de surfe?*

¿Cómo son las olas en esta playa?
Como são as ondas nesta praia?

¿Organizan excursiones submarinas a las islas?
Vocês organizam passeios para mergulhar nas ilhas?

¿Para pescar con caña hace falta tener una licencia o un carné de pesca?
Para pescar com vara é preciso ter uma licença/permissão?

¿A partir de qué hora se puede pescar en la playa?
A partir de que horas se pode pescar na praia?

¿Dónde podemos comprar cebo vivo para ir a pescar?
Onde posso comprar iscas vivas para pescar?

¿A qué hora la marea está más alta/baja hoy?
A que horas a maré estará mais alta/baixa hoje?

¿Dónde puedo consultar una tabla de mareas?
Onde posso consultar a tábua de marés?

Alugar um barco

Se quiser alugar uma embarcação, você poderá utilizar as frases abaixo:

¿Alquilan barcas para navegar por el lago?
Alugam botes para passear no lago?

Quisiera alquilar un barco para un día.
Queria alugar um barco por um dia.

¿Cuántas personas pueden subir al barco?
Quantas pessoas cabem no barco?

Alugar equipamentos

As frases seguintes poderão ajudá-lo a alugar o equipamento necessário à prática do seu esporte náutico preferido:

¿Tienen equipos de buceo?
Vocês têm equipamento para mergulho?

Quisiera alquilar unas aletas, unas gafas y un tubo, por favor.
Quero alugar nadadeiras, máscara e snorkel, por favor.

¿Tienen tablas de surf para principiantes?
Vocês têm prancha de surfe para principiantes?

¿Se pueden alquilar esquís para hacer esquí acuático?
Vocês têm esquis aquáticos para alugar?

Necesito botellas y un cinturón de lastre para ir a bucear esta tarde.
Preciso de cilindros e de um cinturão de lastro para mergulhar hoje à tarde.

Perguntar o preço

Aqui estão algumas frases úteis para você obter informações sobre o preço do aluguel de embarcações e equipamentos:

¿Cuáles son los precios por hora?
Qual é o preço/Quanto é por hora?

¿Los precios son por barco o por persona?
Os preços são por barco ou por pessoa?

¿Los precios del material son por hora o por día?
O preço do material é por hora ou por dia?

¿En los precios están incluidos el uso del catamarán, el traje de neopreno y el chaleco salvavidas?
O preço inclui o catamarã, a roupa de neoprene e o colete salva-vidas?

¿Cuánto cuesta por hora alquilar un patín?
Quanto custa a hora no pedalinho?

¿Cuánto cuesta alquilar un equipo completo de buceo?
Quanto fica o aluguel de um equipamento completo de mergulho?

¿Sale más barato alquilar el equipo por semana que por día?
Fica mais barato o aluguel por semana ou por dia?

¿Tengo que dejarles algún depósito por el material?
Tenho de fazer um depósito pelo equipamento?

Fazer cursos

Utilize os modelos abaixo para pedir informações sobre cursos práticos de esportes náuticos:

¿Hay alguna escuela de windsurf/vela cerca de aquí?
Há alguma escola de windsurfe/vela por aqui?

Quisiera aprender a navegar en catamarán. ¿Organizan algún curso este verano?
Queria aprender a navegar no catamarã. Há algum curso neste verão?

Quisiera hacer un curso de windsurf.
Queria fazer um curso de windsurfe.

¿Cuánto cuesta un curso intensivo de vela?
Quanto custa um curso intensivo de vela?

Soy principiante. Necesitaría un curso de iniciación.
Sou principiante. Preciso de um curso de iniciação.

Hace tiempo hice un curso. Creo que ahora necesitaría un curso de perfeccionamiento.
Fiz um curso há/faz muito tempo. Acho que agora preciso de um curso de aperfeiçoamento.

¿Cuántos monitores por persona tienen?
Quantos instrutores por pessoa vocês têm?

¿Cuántas sesiones tiene un curso?
Quantas aulas tem o curso?

¿Cuántas horas duran las sesiones?
Quantas horas dura cada aula?

Quisiera matricularme en el curso de inmersión.
Queria me matricular no curso de mergulho.

¿Este certificado me permitirá hacer buceo/inmersión en el mar?
Este certificado me permite mergulhar em alto-mar?

Evitar situações de perigo

As perguntas abaixo podem ajudá-lo em questões de segurança:

¿Es peligroso bucear en esta zona?
É perigoso mergulhar nesta área?

¿Hay corrientes peligrosas?
Há correntes perigosas?

¿Hace falta un seguro especial para hacer deportes acuáticos?
É preciso ter um seguro especial para praticar esportes náuticos?

¿Nos va a acompañar algún instructor de buceo?
Vamos ser acompanhados por um instrutor de mergulho?

2. Esportes de montanha

26 Informar-se sobre as estações de esqui

As perguntas abaixo poderão ajudá-lo a obter informações sobre as atividades de uma estação de esqui:

¿A qué altitud está la estación de esquí?
Qual é a altitude da estação de esqui?

¿Cree que habrá nieve en abril?
Acha que vai haver neve em abril?

¿Cuántas pistas hay en la estación?
Quantas pistas a estação tem?

¿Cuántos remontes hay?
Quantos ascensores mecânicos a estação tem?

¿Se puede hacer snowboard?
Pode-se fazer snowboard?

Quisiera informarme sobre el estado de la nieve.
Qual é o estado da neve?

¿Podría decirme cómo está la nieve?
Poderia me dizer como está a neve?

¿Qué tiempo hace en las pistas?
Como está o tempo nas pistas?

¿Están todas las pistas abiertas?
Todas as pistas estão abertas?

¿Funcionan todos los remontes?
Todos os ascensores estão funcionando?

Alugar equipamentos ou roupas de esqui

Estas frases podem ajudá-lo a alugar o material de esqui de que você necessita:

Quisiera alquilar unos esquís para una semana, por favor.
Por favor, gostaria de alugar um par de esquis por uma semana.

¿Tienen esquís de fondo?
Vocês têm esquis de fundo?

¿Tienen motos de nieve?
Vocês têm motos de neve?

¿Alquilan equipos de esquí?
Vocês alugam equipamento de esqui?

Quisiera alquilar unos esquís, unas botas y unos bastones, por favor.
Queria alugar um par de esquis, botas e bastões, por favor.

También necesito unas gafas de descenso.
Também preciso de óculos de esqui.

¿Tienen cascos para niños?
Vocês têm capacetes para crianças?

27 Perguntar o preço

As frases seguintes serão úteis para pedir informações sobre os preços:

¿Cuánto cuesta alquilar el equipo de esquí por semana?
Quanto é o aluguel do equipamento de esqui por semana?

¿Se puede alquilar el equipo de esquí para todo el fin de semana?
Podemos alugar o equipamento de esqui por todo o fim de semana?

¿Cuánto cuesta un forfait de acceso a pistas de temporada?
Quanto custa um passe de ascensão para pistas de temporada alta?

Perguntar sobre cursos de esqui

Para obter informações sobre cursos de esqui, você pode utilizar as frases abaixo:

¿Podría decirme a qué hora abre la escuela de esquí?
Por favor, a que horas abre a escola de esqui?

Quisiera hacer un cursillo de esquí de fondo/alpino.
Queria ter aulas de esqui de fundo/alpino.

¿Hacen clases de nivel avanzado?
Vocês têm cursos para nível avançado?

¿En qué consiste el cursillo para principiantes?
Como são as aulas para principiantes?

Me gustaría aprender snowboard.
Gostaria de ter aulas de snowboard.

¿Cuántas clases son necesarias para dejar las pistas verdes?
Quantas aulas são necessárias para poder sair das pistas verdes?

Em contexto de aprendizagem, a palavra *clase* equivale tanto a *aula* ou *matéria* (aquilo que é ensinado) quanto a *classe* (grupo de alunos ou sala de aula).

Teste seus conhecimentos

I. Complete as frases seguintes com a preposição adequada:

1. *¿Cuánto cuesta un patín .... hora?*
2. *¿ .... qué hora la marea está más alta hoy?*
3. *¿Alquilan barcas .... navegar por el lago?*
4. *Quisiera aprender a navegar .... catamarán.*
5. *¿Tienen esquís .... fondo?*
6. *¿Organizan cursillos .... principiantes?*
7. *¿Se pueden utilizar los remontes .... este tipo de forfait?*

II. Complete o texto com as palavras abaixo:

Situada en el Vall de Boí, es la ... con la cota más alta de esquí de los Pirineos (2.750 metros). Su gran ... sobre el nivel del mar permite que la nieve esté casi asegurada durante todo el invierno. Tiene 43 kilómetros balizados entre los que el esquiador disfrutará de un total de 40 ... de diferentes niveles. Cuenta con un total de 15 ... en funcionamiento que tienen una capacidad de 13.830 viajeros/hora.

(1) *altitud* **(2)** *remontes* **(3)** *estación* **(4)** *pistas*

Respostas:

I. *por - a - para - en - de - para - con*

II. *3 - 1 - 4 - 2*

Informações práticas
Situações de emergência

1. No médico

Marcar consulta

Se você tiver algum problema de saúde e precisar de um médico, terá de marcar uma consulta:

¿Podría darme hora para mañana por la tarde?
Por favor, eu queria marcar uma hora para amanhã à tarde.

¿Podría visitarme el médico esta tarde?
O médico poderia vir me atender esta tarde?

Quisiera pedir hora para el jueves.
Queria marcar uma consulta para quinta-feira.

¿A partir de qué hora visita el médico?
A partir de que horas o médico vem atender?

¿Qué días visita el doctor?
Em que dias o doutor vem atender?

¿A qué ambulatorio tengo que ir?
A que ambulatório devo ir?

¿Qué ambulatorio me corresponde?
Qual ambulatório atende meu endereço?

¿El médico visita a domicilio?
O médico atende em casa?

¿Podría enviarme un médico a casa, por favor?
Por favor, poderiam mandar um médico aqui em casa?

Posto de saúde e centro médico

Chegando ao centro médico, ao ambulatório ou ao consultório, você poderá utilizar frases como as seguintes:

Tengo hora con el doctor Ferrer.
Tenho hora marcada com o doutor Ferrer.

Me han dado hora a las 18:15 con la doctora Ramos.
Tenho consulta às 18h15 com a doutora Ramos.

No he pedido hora. ¿Podría visitarme el doctor?
Não tenho hora marcada. O doutor poderia me atender?

¿Podría verme un médico, por favor?
Será que um médico poderia me atender, por favor?

Necesito hablar con un médico.
Preciso falar com um médico.

Veja um exemplo de diálogo entre a recepcionista de um consultório e um paciente:

Recepcionista	*Buenas tardes. ¿Qué desea?*
Paciente	*Buenas tardes. Quisiera ver a la doctora Ribas.*
Recepcionista	*¿Tenía usted hora?*
Paciente	*Sí, para hoy a las cuatro.*
Recepcionista	*¿Podría decirme su apellido?*
Paciente	*Fernández, Francisco.*
Recepcionista	*Efectivamente, aquí lo tengo apuntado. Tendrá que esperar un poco. La doctora está ahora con una visita y todavía hay dos personas delante de usted. Pase, por favor, a la sala de espera.*
Paciente	*Muchas gracias. ¿Cuánto rato tendré que esperar, más o menos?*
Recepcionista	*No creo que más de media hora. En la sala de espera hay revistas.*

Recepcionista	*Boa tarde. Pois não?*
Paciente	*Boa tarde. Queria ver a doutora Ribas.*
Recepcionista	*O senhor tem hora marcada?*
Paciente	*Tenho, sim. Às quatro (horas).*
Recepcionista	*Seu nome, por favor?*

Paciente	*Francisco Fernández.*
Recepcionista	*Sim, está aqui. O senhor terá de esperar um pouco. A doutora está em consulta e ainda há duas pessoas na sua frente. Queira aguardar na sala de espera, por favor.*
Paciente	*Obrigado. Quanto tempo acha que terei de esperar?*
Recepcionista	*No máximo meia hora. Na sala de espera há revistas.*

Descrever os sintomas

As frases abaixo poderão ajudá-lo a descrever seus sintomas durante a consulta:

No paro de vomitar.
Estou vomitando sem parar.

Me duele (mucho) la espalda/pierna/cabeza.
Estou com uma dor terrível nas costas/nas pernas/na cabeça.

Tengo (mucho) dolor de muelas/estómago.
Estou com muita dor de dentes/estômago.

Me he hecho un corte y no para de salirme sangre.
Me cortei e não pára de sangrar.

Tengo fiebre.
Estou com febre.

Tengo mucha tos.
Estou com muita tosse.

Toso mucho.
Estou tossindo muito.

Me he torcido el tobillo/la muñeca.
Torci o tornozelo/o pulso.

Creo que me he roto el brazo/la pierna.
Acho que quebrei o braço/a perna.

Me he hecho daño en la rodilla jugando a fútbol.
Machuquei o joelho jogando bola.

Me cuesta respirar.
Estou respirando com dificuldade.

Tengo muchos picores.
Estou com muita coceira.

Tengo vértigo.
Estou com tonturas/vertigens.

Tengo pinchazos en el pecho.
Sinto umas pontadas no peito.

Tengo palpitaciones.
Sinto umas palpitações.

Estoy muy resfriado.
Estou muito resfriado.

Tengo diarrea.
Estou com diarréia.

Tengo ardor de estómago.
Estou com queimação no estômago.

Tengo asma/problemas de corazón.
Tenho asma/problemas cardíacos.

¿Podría mirarme el pie? Tengo una herida.
Poderia dar uma olhada no meu pé? Tenho uma ferida.

Me ha picado algo.
Estou com uma ferida, alguma coisa me picou.

Me he quemado la mano cocinando.
Queimei a mão cozinhando.

Me he hecho una quemadura.
Eu me queimei.

Soy diabético y necesito una receta de insulina.
Sou diabético e preciso de uma receita de insulina.

Perguntar o diagnóstico

Eis algumas frases para perguntar seu diagnóstico ao médico:

¿Qué cree que tengo?
O que acha que tenho?

¿Es grave?
É grave?

¿Cree que hay que operar?
Acha que será necessário operar?

¿Cree que debería visitarme un especialista?
Acha que devo consultar um especialista?

Observação

Na Espanha, a Previdência Social encaminha cada pessoa a um posto médico chamado *ambulatorio*, em função do local de residência da pessoa. Lá o paciente pode consultar gratuitamente o *médico de cabecera* (*clínico geral*). Se for preciso consultar um *especialista*, o clínico geral lhe fornecerá um *volante* (autorização escrita para consultar gratuitamente um especialista). Além desse sistema, há consultórios particulares, nos quais se podem marcar consultas com maior rapidez. Mas a consulta com um *médico privado* (*médico particular*) é cara e não tem reembolso pela Previdência Social. Há pessoas que se associam a planos de saúde para cobrir esses gastos, mas a grande maioria dos espanhóis continua a usar seu *ambulatorio*.

2. Na farmácia

Pedir conselho ao farmacêutico

É comum perguntar a opinião do farmacêutico, principalmente para a compra de medicamentos de venda sem receita médica:

¿Tiene algo para el dolor de cabeza?
Você tem alguma coisa para dor de cabeça?

Me duele mucho la garganta. ¿Tiene alguna pastilla que me pueda ir bien?
Estou com muita dor de garganta. Você pode me indicar alguma pastilha?

¿Tiene gotas para los ojos?
Você tem colírio?

¿Tiene algún jarabe para la tos?
Tem algum xarope para a tosse?

¿Existe algún antihistamínico que no dé sueño?
Há algum anti-histamínico que não dê sono?

¿Tiene alguna pomada para aliviar las quemaduras?
Você tem alguma pomada para aliviar queimaduras?

Comprar medicamentos

Veja algumas frases úteis na hora de comprar remédios:

¿Puedo comprar este medicamento sin receta (médica)?
Posso comprar este remédio sem receita (médica)?

¿Me hace falta receta (médica) para comprar estas pastillas?
Preciso de receita (médica) para comprar estes comprimidos?

29 Aqui está um exemplo de diálogo entre um farmacêutico e uma cliente:

Farmacéutico	*Buenos días, ¿qué desea?*
Clienta	*¿Tiene algo para la tos?*
Farmacéutico	*¿Para qué tipo de tos?*
Clienta	*Tos seca, más bien.*
Farmacéutico	*¿Es para usted?*
Clienta	*Sí.*
Farmacéutico	*Este jarabe le puede ir bien. Tómese una cucharada tres veces al día después de las comidas.*

Farmacêutico	*Bom dia. O que deseja?*
Cliente	*O senhor teria alguma coisa para a tosse?*
Farmacêutico	*Para que tipo de tosse?*
Cliente	*É uma tosse seca.*
Farmacêutico	*É para a senhora?*
Cliente	*Sim.*
Farmacêutico	*Este xarope pode ajudá-la. Tome uma colher de sopa três vezes ao dia, após as refeições.*

Observação
O cliente deve mostrar a receita ao farmacêutico. Se ela for emitida por um médico vinculado à Previdência Social, ele pagará somente uma parte do preço dos remédios; em caso contrário, deverá pagar o preço total.

3. Na delegacia de polícia

Prestar queixa

Você pode usar as frases abaixo se tiver de prestar queixa na delegacia de polícia:

Quisiera denunciar un robo.
Por favor, queria registrar um roubo.

Me han robado la cartera con algo de dinero, tarjetas de crédito y la documentación.
Roubaram minha carteira. Dentro tinha um pouco de dinheiro, cartões de crédito e documentos.

Me han robado el monedero/el bolso.
Roubaram minha carteira/minha bolsa.

Nos han atracado.
Fomos assaltados.

Nos han robado el coche.
Roubaram nosso carro.

Alguien ha forzado el coche para robar lo que había dentro.
Alguém arrombou o carro para roubar o que tinha dentro.

Me han entrado en casa y se han llevado la cadena de música.
Entraram em casa e levaram meu aparelho de som.

Han forzado la cerradura.
Forçaram a fechadura.

Me ha desaparecido la cámara de fotos/el teléfono móvil.
Minha máquina fotográfica/meu celular desapareceu.

Para cobrar el seguro necesito algún papel conforme he puesto la denuncia.
Preciso de um comprovante/boletim de ocorrência para acionar o seguro.

Registrar uma ocorrência de acidente

Eis alguns exemplos de frases que você pode utilizar para fazer uma declaração de acidente:

He tenido un accidente de coche.
Tive um acidente de carro.

Hemos chocado con un camión.
Batemos em um caminhão.

Un autobús se nos ha echado encima.
Um ônibus atingiu violentamente nosso carro.

El otro coche se ha saltado el semáforo.
O outro carro avançou o sinal vermelho.

El otro coche se ha saltado el stop/el ceda el paso.
O outro carro não respeitou o sinal de parada/a preferência.

No hemos visto la moto.
Não vimos a moto.

Me he tenido que subir a la acera para no atropellar a un perro.
Tive de subir na calçada para não atropelar um cachorro.

Ha sido culpa mía.
A culpa foi minha.

4. Chamar os serviços de emergência

30 Os chamados de urgência

Se você tiver de chamar os serviços de urgência, as frases seguintes poderão ajudá-lo:

Ha habido un accidente.
Houve um acidente.

¿Puede enviarme una ambulancia?
Podem mandar uma ambulância?

¿Podría venir la policía?
Podia mandar a polícia?

Sale humo de la casa de enfrente. ¿Podrían venir los bomberos?
Está saindo fumaça da casa da frente. Poderiam mandar os bombeiros?

Hay un incendio en la escuela.
Há um incêndio na escola.

Un hombre se ha caído en la calle y ha perdido el conocimiento. Creo que tiene un ataque al corazón.
Há um homem caído na rua, desmaiado. Acho que ele teve um ataque cardíaco.

En el piso de abajo hacen muchísimo ruido. ¿Podría enviarme a la guardia urbana?
Estão fazendo muito barulho no andar de baixo. Podem mandar a guarda municipal?

Se oyen gritos y golpes en el piso de al lado.
Estou/Estamos ouvindo gritos e pancadas no apartamento vizinho.

A palavra *piso* tem vários significados. Em um prédio, pode designar um *andar*, *un edificio de tres pisos* (*um prédio de três andares*), ou um *apartamento*, *un piso de tres habitaciones* (*um apartamento de três quartos*).

Observação

Na Espanha, em caso de urgência, você pode ligar para o 061 (Primeiros Socorros – Urgências Médicas) ou para o 085 para chamar os bombeiros, válido para todo o território espanhol. Em Madri e na Catalunha, chame o 112 para todos os serviços de urgência.

Teste seus conhecimentos

I. Complete as frases seguintes com a preposição adequada:

1. *Quisiera pedir hora .... el jueves.*
2. *¿El médico visita .... domicilio?*
3. *Tengo dolor .... muelas.*
4. *Me he hecho daño .... la rodilla.*
5. *Necesito una receta .... insulina.*
6. *Deme un jarabe .... la tos.*
7. *Tómese este jarabe tres veces .... día.*

II. Ordene o diálogo a partir da primeira frase:

1. *Buenas tardes, ¿qué desea?*
2. *Tenemos unas pastillas efervescentes que le aliviarán los síntomas y le bajarán la fiebre.*
3. *¿Tiene fiebre?*
4. *Buenas tardes. ¿Tiene algo para el resfriado?*
5. *En el prospecto advierten de que pueden da sueño. Procure no conducir.*
6. *¿Pero me darán sueño?.*
7. *Sólo unas décimas.*
8. *De acuerdo. Pues deme una caja, por favor.*

Respostas:

I. *para - a - de - en - de - para - al*

II. *1 - 4 - 3 - 7 - 2 - 6 - 5 - 8*

O artigo

1. Definido e indefinido

Como o português, o espanhol tem duas formas de artigo, o definido e o indefinido.

Forma normal	singular	plural
artigo definido		
masculino	*el señor*	*los señores*
feminino	*la mujer*	*las mujeres*
artigo indefinido		
masculino	*un chico*	*unos chicos*
feminino	*una chica*	*unas chicas*

Casos particulares

Emprega-se *el* no lugar de *la* diante de um substantivo feminino iniciado por *a* ou por *ha*: *el agua* ou *el haya* (embora *água*, *a água*, e *haya*, *a faia*, sejam ambas palavras femininas em espanhol). Todavia, o artigo *la* é conservado diante de *a* ou *ha* átonos (*la animación*, *a animação*) ou de um adjetivo (*la alta cumbre*, *o alto cume*).

Do mesmo modo, diante de um substantivo feminino iniciado por *a* ou *ha* tônicos, o *a* final do artigo *una* não é pronunciado e, na linguagem escrita, pode ser conservado ou omitido: *una alma* ou *un alma*, *uma alma*.

Finalmente, diante de um nome de país, região ou continente, omite-se o artigo em espanhol, salvo quando a expressão é determinada por um adjetivo, por uma oração relativa ou por um complemento: *España es un Estado de la Unión Europea*, *A Espanha é um Estado da União Européia*; mas *la Italia del norte*, *a Itália do norte*.

O artigo neutro *lo*

O artigo neutro *lo* é utilizado para substantivar os adjetivos, os particípios ou as locuções adjetivas: *todo lo contrario*, *muito pelo contrário*; *lo mejor que puedes hacer es callar*, *o melhor que você pode fazer é calar-se*.

Contração do artigo

O artigo singular *el* combinado com as preposições *a* e *de* contrai-se: *al caballo*, *ao cavalo*; *del caballo*, *do cavalo*.

O substantivo

Como em português, há, em espanhol, substantivos masculinos e substantivos femininos; não existem substantivos neutros.

1. O gênero

No que diz respeito às pessoas e aos animais, o gênero depende do sexo; para outros seres, é uma questão de convenção e tradição. Devido à origem comum do vocabulário, o gênero dos substantivos espanhóis em geral é o mesmo que em português, mas não sempre. Veja uma lista com alguns substantivos cujo gênero muda:

la nariz	*o nariz*
la sal	*o sal*
la leche	*o leite*
la sangre	*o sangue*
la labor	*o trabalho*
la percha	*o cabide*
la terraza	*o terraço*
el pantalón	*a calça*
el viaje	*a viagem*
el olivo	*a oliveira*
el paisaje	*a paisagem*

A terminação com freqüência indica o gênero.

Substantivos masculinos

Os substantivos terminados em *-o* ou em *-or* são, em geral, masculinos (exceções: *la mano*, *a mão*; *la labor*, *o trabalho* etc.).

Substantivos femininos

Os substantivos femininos são, em geral, terminados em *-a*: *la mesa*, *a mesa*, mas essa regra não é absoluta e existem exceções:

1. os substantivos de origem grega: *un problema*, *um problema*; *un diploma*, *um diploma* etc.
2. os substantivos terminados em *-ista*: *un taxista*, *um taxista*; *un artista*, *um artista*; *un economista*, *um economista* etc.
3. um certo número de outros substantivos: *un día*, *um dia*; *un poeta*, *um poeta* etc.

Finalmente, existem palavras cujo sentido muda em função do gênero: *la frente*, *a testa*; *el frente*, a *linha de frente (em uma batalha)*; *una guía*, *um guia (livro, manual)*; *un(a) guía*, *um(a) guia (a pessoa, homem ou mulher)*; *la orden*, *a ordem (de um chefe)*; *el orden*, *a ordem (pública)* etc.

2. A formação do feminino

Para algumas categorias de substantivo, há um masculino e um feminino (profissões, funções, animais etc.). A regra geral consiste, então, em transformar o *-o* final em *-a* ou em acrescentar um *-a* no final da palavra: *el panadero*, *o padeiro*; *la panadera*, *a padeira*; *el trabajador*, *o trabalhador*; *la trabajadora*, *a trabalhadora*; *el perro*, *o cachorro*; *la perra*, *a cachorra/a cadela*; *el gato*, *o gato*; *la gata*, *a gata* etc.

3. A formação do plural

A regra geral consiste em acrescentar um *-s* quando a palavra termina com vogal, ou um *-es* quando termina com consoante: *casa*, *casas*; *avión*, *aviones* etc.

No entanto, há exceções:

1. as palavras terminadas em *-í* acentuado: *jabalí*, *javali*, *jabalíes*, *javalis*;
2. as palavras terminadas em *-z* que têm o plural em *-ces*: *pez*, *peixe*, *peces*, *peixes*;
3. determinadas palavras que permanecem invariáveis: *la crisis, las crisis*, *a crise, as crises*; *el/los martes*, *a terça-feira, as terças-feiras*; *un/dos paréntesis*, *um parêntese, dois parênteses* etc.

O adjetivo

1. A concordância em número com o substantivo

As regras de concordância em número do adjetivo com o substantivo são, em grande parte, as mesmas que em português.

2. O gênero (flexão do feminino)

O adjetivo masculino terminado em *-o* em geral tem o seu feminino terminado em *-a*: *bueno, buena*, *bom*, *boa*; *caro*, *cara*, *caro*, *cara*; *sano*, *sana*, *são*, *sã* etc.

No entanto, alguns adjetivos que terminam com uma outra letra diferente de *-o* ou *-a* conservam a mesma forma: *un señor inteligente*, *una señora inteligente*, *um senhor inteligente*, *uma senhora inteligente*; *un coche azul*, *una camioneta azul*, *um carro azul*, *uma caminhonete azul* etc.

Os adjetivos pátrios representam uma exceção: *un libro francés, una revista francesa, um livro francês, uma revista francesa.*

Os adjetivos terminados em *-dor, -tor, -sor, -ón, -án, -ín, -ote* e *-ete* recebem um *-a* no feminino: *un hombre soñador, una mujer soñadora, um homem sonhador, uma mulher sonhadora.*

Atenção!

Como se pode ver no exemplo *una revista francesa*, os adjetivos que têm o masculino terminado em *-és, -án, -in* e *-ón* perdem o acento gráfico no feminino.

Atenção!

Chama-se apócope a supressão da vogal ou da sílaba final de alguns adjetivos antes de um substantivo masculino singular. Assim, *bueno*, *malo*, *primero*, *tercero* etc. perdem o *-o* final: *un buen ejemplo*; *el primer día* etc. Da mesma forma, o adjetivo *grande* torna-se *gran* e *santo* torna-se *san.*

O advérbio

1. A formação em *-mente*

O advérbio pode ser formado pelo acréscimo do sufixo *-mente* ao adjetivo feminino: *lenta*, *lentamente*. Quando o adjetivo tem um acento, o advérbio o conserva: *fácil*, *fácilmente.*

2. Omissão de *-mente*

Quando há dois ou mais advérbios seguidos, é possível (sem que seja obrigatório) omitir a terminação *-mente* dos advérbios, com exceção do último, sendo que os outros se apresentam como adjetivos no feminino singular: *lenta y fácilmente*.

O pronome

1. O pronome pessoal

sujeito	complemento sem preposição (objeto direto/ objeto indireto)	complemento com preposição	complemento com a preposição *con*
yo	*me*	*mí*	*conmigo*
tú	*te*	*ti*	*contigo*
él	*lo, le*/le/se*	*él/sí*	*con él/consigo*
ella	*la/le/se*	*ella/sí*	*con ella/consigo*
usted	*lo, la/le/se*	*usted/sí*	*con usted/consigo*
nosotros(as)	*nos*	*nosotros(as)/sí*	*con nosotros(as)/consigo*
vosotros(as)	*os*	*vosotros(as)/sí*	*con vosotros(as)/consigo*
ellos	*los/les/se*	*ellos/sí*	*con ellos/consigo*
ellas	*las/les/se*	*ellas/sí*	*con ellas/consigo*
ustedes	*los, las/les/se*	*ustedes/sí*	*con ustedes/consigo*

* A forma etimológica deste complemento é *lo*; no entanto, na Espanha o uso costuma reservar *lo* para as coisas e a utilizar *le* quando se trata de pessoas.

A posição do pronome

O pronome pessoal de complemento utilizado sem preposição vem antes do verbo: *no te veo*, *não vejo você.*

O pronome de complemento do objeto indireto é sempre posicionado antes: *no me lo digas*, *não me diga.*

Quando dois pronomes de terceira pessoa se seguem, o primeiro assume a forma do pronome reflexivo: *se lo dije ayer*, *eu lhe disse isso ontem.*

⚠ Atenção!

Neste último exemplo, o pronome *se* corresponde ao OI (que assume a forma do pronome reflexivo) e *lo* ao OD (que é a forma etimológica do complemento); não confundir com a observação anterior sobre o uso de *lo* e de *le* para coisas e pessoas, respectivamente.

2. O pronome interrogativo e exclamativo

Os pronomes *qué* e *quién* (plural *quiénes*) são escritos com acento e podem ser interrogativos ou exclamativos; *quién* é sempre utilizado para as pessoas: *¿Qué dices?*, *O que você está falando?*; *¿Quiénes són estos dos chicos?*, *Quem são estes dois moços?*

3. O pronome relativo

O pronome *que*

O pronome *que* pode ser usado tanto para pessoas quanto para coisas, correspondendo ao sujeito e ao complemento: *el hombre que llega*, *o homem que chega*; *la casa que ves*, *a casa que você vê.*

O pronome *quien* (plural *quienes*)

O pronome *quien* é sempre utilizado para pessoas e, como complemento, é sempre precedido de preposição: *el hombre a quien hablo*, *o homem a quem eu falo*. Sem antecedente, pode significar *aquele que, aquela que.*

O pronome *cuyo*, *cuya* (plural *cuyos*, *cuyas*)

Os pronomes *cuyo, cuya* correspondem a *cujo, cuja, do qual, da qual* e *cuyos, cuyas,* a *cujos, cujas, dos quais, das quais*. Esses pronomes concordam sempre com o elemento que os segue: *el coche cuyas puertas están abiertas*, *o carro cujas portas estão abertas.*

Os demonstrativos

1. Os adjetivos e os pronomes demonstrativos

Os adjetivos e os pronomes demonstrativos apresentam-se sob a mesma forma, mas estes últimos podem ter a vogal tônica acentuada (sobretudo em caso de ambigüidade, o que é raro), com exceção do neutro.

grau de afastamento (advérbio de lugar)	masculino	feminino	plural	pronome neutro
aquí (aqui) *acá (cá)*	*este*	*esta*	*estos, estas*	*esto*
ahí (aí)	*ese*	*esa*	*esos, esas*	*eso*
allí (ali) *allá (lá)*	*aquel*	*aquella*	*aquellos, aquellas*	*aquello*

Esses três tipos de demonstrativo correspondem ao grau de afastamento (no espaço ou no tempo) em relação ao locutor: *esta tarde, aquella tarde*, *esta tarde, aquela tarde.*

Os indefinidos (adjetivos e pronomes)

Alguno/a: algún día, algunas de vosotras*, *algum dia, algumas de vocês*

Ninguno/a: ningún hombre*, *nenhum homem*

Ni uno/a: ni una (sola) oportunidad, *nem uma (só) oportunidade*

Unos/as: unas vacaciones, *umas férias*

Unos/as cuantos as: unas cuantas hojas, *algumas folhas*

Cierto/a: cierto personaje, *(um) certo personagem*

Varios/as: varias personas, *várias pessoas*

Diversos/as: diversos autores, *diversos autores*

Diferentes: en diferentes lugares y ocasiones, *em diversos/diferentes lugares e diversas/diferentes ocasiões*

*Cualquiera: un hombre cualquiera, cualquier** mujer, um homem qualquer, qualquer mulher*

Cualesquiera: cualesquiera que sean, quaisquer que sejam

Atenção!

**Alguno, ninguno* e *uno* sofrem apócope diante de um substantivo masculino.

***Cualquier*, preposto ao substantivo *todo,* tem o sentido de *não importa qual. Cualquiera* pode significar *qualquer um*, no sentido de *medíocre*, *vulgar*, e, no feminino, pode também ter o sentido de *prostituta.*

1. Os pronomes

Algo: ¿sabes algo?, você sabe de alguma coisa?

Nada: no queda nada, não resta nada

Alguien: ¿has visto a alguien?, você viu alguém?

Nadie: no he encontrado a nadie, eu não encontrei ninguém

Quienquiera: quienquiera que te vea, pensará..., qualquer um que vir você, pensará...

Los demás: los demás (chicos), os outros (moços)*

*Este elemento, pronome ou adjetivo, é invariável.

2. *Mismo, otro, propio*

Mismo/a marca a identidade entre dois ou vários elementos comparados: *el mismo libro, o mesmo livro.*

Mas também serve para sublinhar a identidade de um elemento: *su mismo marido..., seu próprio marido...*

Otro/a opõe-se a *mismo/a* e indica a ausência de identidade: *no esta, la otra, não esta, a outra.*

Propio/a serve para marcar a posse ou a atribuição: *su propio hijo, seu próprio filho.*

Os possessivos

adjetivos	
formas átonas	**formas tônicas**
mi, mis (meu, minha, meus, minhas)	*mío, mía, míos, mías (meu, minha, meus, minhas)*
tu, tus (teu, tua, teus, tuas)	*tuyo, tuya, tuyos, tuyas (teu, tua, teus, tuas)*
su, sus (seu, sua, seus, suas, dele, dela)	*suyo, suya, suyos, suyas (seu, sua, seus, suas, dele, dela)*
nuestro, nuestra, nuestros, nuestras (nosso, nossa, nossos, nossas)	*nuestro, nuestra, nuestros, nuestras (nosso, nossa, nossos, nossas)*
vuestro, vuestra, vuestros, vuestras (vosso, vossa, vossos, vossas)	*vuestro, vuestra, vuestros, vuestras (vosso, vossa, vossos, vossas)*
su, sus (seu, sua, seus, suas, deles, delas)	*suyo, suya, suyos, suyas (seu, sua, seus, suas, deles, delas)*

pronomes

el mío, la mía, los míos, las mías
o meu, a minha, os meus, as minhas

el tuyo, la tuya, los tuyos, las tuyas
o teu, a tua, os teus, as tuas

el suyo, la suya, los suyos, las suyas
o seu, a sua, os seus, as suas, o dele, a dela

el nuestro, la nuestra, los nuestros, las nuestras
o nosso, a nossa, os nossos, as nossas

el vuestro, la vuestra, los vuestros, las vuestras
o vosso, a vossa, os vossos, as vossas

el suyo, la suya, los suyos, las suyas
o seu, a sua, os seus, as suas, os deles, as delas

Atenção!

Com freqüência, o possessivo é substituído pelo artigo mais a forma reflexiva do verbo: *me pongo las gafas* *ponho os óculos*; *ganarse la vida*, *ganhar a vida*.

As preposições

As preposições espanholas não apresentam problemas maiores: basta conhecê-las para utilizá-las.

1. *para/por*

A preposição *para* permite introduzir diferentes complementos:

— o destino: *es para ti*, *é para você*;

— a direção: *voy para casa*, *vou para casa*;

— o tempo: *volveré para Navidad*, *voltarei no/para o Natal*;

— a relação, a comparação: *para los años que tiene se la ve muy bien*, *pela idade que tem, ela está muito bem*.

A preposição *por* permite expressar:

— o motivo: *se interesa muchísimo por ti*, *interessa-se muitíssimo por você*;

— a adesão: *voté por este candidato*, *votei neste candidato*;

— a identidade: *se dio por vencido*, *ele se deu por vencido*;

— a equivalência: *cambiar un objeto por outro*, *trocar um objeto por outro*.

Enfim, essa preposição é encontrada também na construção de inúmeras expressões: *dar para (vivir)*, *dar para (viver)*; *decir para sí*, *dizer para si*; *ir para los veinte*, *estar pelos vinte anos*; *no es para tanto*, *não é para tanto*; *servir para todo/nada*, *servir para tudo/nada* etc.

Por outro lado, depois de um verbo de movimento, ela substitui o verbo *buscar*, *buscar*: *voy por el pan*, *vou buscar o pão*.

Finalmente, introduz o complemento de agente da ação em uma oração na voz passiva: *fue atracada por unos ladrones*, *foi assaltada por uns ladrões*.

2. *a/en*

Utiliza-se a preposição *a* para expressar a direção, e a preposição *en*, para expressar a localização: *voy a Italia, vou à Itália; estamos en Venecia de vacaciones, estamos de férias em Veneza.*

O verbo

1. Os verbos auxiliares *ser, estar* e *haber*

O verbo *ser*

Este verbo é utilizado para definir identidade, gênero, nacionalidade, origem, profissão, características essenciais ao sujeito. Emprega-se antes de um atributo, que pode ser um substantivo, um pronome, uma preposição, um verbo no infinitivo ou um numeral: *María es una chica simpática, es madrileña y es química, Maria é uma garota simpática, ela é madrilena e é química; es mi vecino, é meu vizinho; esta casa es nuestra, esta casa é nossa; los tres mosqueteros eran cuatro, os três mosqueteiros eram quatro; son varios, são vários; es la una, é uma hora.*

É também o auxiliar utilizado para formar a voz passiva: *mi vecina ha sido atracada a plena luz del día, minha vizinha foi aassaltada em plena luz do dia.*

Atenção!

Os tempos compostos, que não foram apresentados aqui, são formados com o auxiliar *haber* conjugado, seguido do verbo principal no particípio passado (vide abaixo a conjugação deste auxiliar).

Conjugação do verbo *ser*

O futuro segue a conjugação regular.

Indicativo

presente: *soy, eres, es, somos, sois, son*

pretérito imperfeito: *era, eras, era, éramos, erais, eran*

pretérito perfeito simples: *fui, fuiste, fue, fuimos, fuisteis, fueron*

Subjuntivo

presente: *sea, seas, sea, seamos, seáis, sean*

Imperativo

sé (tú), sea (usted), seamos (nosotros), sed (vosotros), sean (ustedes)

O verbo *estar*

Este verbo é utilizado para situar no espaço e no tempo e para expressar um estado ou uma situação transitória: *¿Está aquí Marta?, Marta está aqui?; ¡Demasiado calor! Estamos en verano, ¿no?, Está calor demais! Estamos no verão, não?, Al fin y al cabo, no está tan bien como decías; Afinal de contas, não está tão bem como você dizia.*

Usa-se também para expressar o resultado de uma ação: *¿El piso está amueblado?, O apartamento está mobiliado?*

Finalmente, é utilizado, com um gerúndio, para fazer referência a uma ação em andamento ou expressar a duração: *Bueno, te dejo que están llamando a la puerta. Adiós.*, *Bem, vou indo porque estão batendo na porta. Até logo.*, *Estuve trabajando en Italia durante un año.*, *Estive trabalhando na Itália durante um ano.*

Conjugação do verbo *estar*

O imperfeito e o futuro seguem a conjugação regular.

Indicativo

presente: *estoy, estás, está, estamos, estáis, están*

pretérito perfeito simples: *estuve, estuviste, estuvo, estuvimos, estuvisteis, estuvieron*

Subjuntivo

presente: *esté, estés, esté, estemos, estéis, estén*

Imperativo

está (tú), esté (usted), estemos (nosotros), estad (vosotros), estén (ustedes)

O verbo *haber*

Hoje *haber* é utilizado principalmente como auxiliar para formar os tempos compostos e como verbo impessoal: *Nos hemos reunido aquí para charlar sobre algo que nos afecta a todos, Estamos reunidos aqui para discutir algo que nos afeta a todos; agradezco que hayáis venido, agradeço que tenham vindo; ¿Hay más preguntas?, Há mais perguntas?; Hubo caravana en la carretera, por eso llegamos tarde, Houve congestionamento na estrada, por isso chegamos tarde.*

Conjugação do verbo *haber*

O imperfeito segue a conjugação regular.

Indicativo

presente: *he, has, ha, hemos, habéis, han*

pretérito perfeito simples: *hube, hubiste, hubo, hubimos, hubisteis, hubieron*

futuro: *habré, habrás, habrá, habremos, habréis, habrán*

Subjuntivo

presente: *haya, hayas, haya, hayamos, hayáis, hayan*

Imperativo

he (tú), haya (usted), hayamos (nosotros), habed (vosotros), hayan (ustedes)

Concordância do particípio com esses verbos

O particípio passado utilizado depois do auxiliar *ser* na voz passiva concorda com o sujeito; o mesmo ocorre quando é utilizado com o auxiliar *estar* e quando expressa uma conseqüência: *los ladrones fueron castigados*, *os ladrões foram punidos; la puerta está abierta y las máquinas (están) estropeadas*, *a porta está aberta e as máquinas (estão) quebradas.*

Por outro lado, o particípio passado é sempre invariável quando usado com o auxiliar *haber*: *los problemas que hemos comentado*, *os problemas que comentamos.*

2. A conjugação regular

Os verbos se dividem em três grupos caracterizados pela terminação de seus infinitivos: *-ar*, *-er*, *-ir*.

Em geral, tomamos *amar* como exemplo da primeira conjugação, *temer* como exemplo da segunda e *partir* como exemplo da terceira.

Os modos e os tempos não diferem muito dos do português. Entretanto, é interessante observar que em espanhol usa-se o subjuntivo nos casos em que, em português, se utiliza o futuro do pretérito: *retomando lo que usted ha dicho, quisiera añadir una puntualización*, *retomando o que você disse, gostaria de acrescentar um esclarecimento.*

Tanto a voz passiva (vide o item "O verbo *ser*") quanto o gerúndio são habitualmente utilizados, sendo que este último é utilizado com freqüência para expressar a duração: *el accidente ha sido atribuído por la policía a la consumición excesiva de alcohol*, *a polícia atribuiu o acidente ao consumo excessivo de álcool*; *creo que eso está muy bien, pero sigo pensando que Juan tiene razón*, *creio que isso está muito bem, mas continuo achando que o Juan tem razão.*

3. Diferenças entre *ir* e *venir*

A diferença de significado entre *ir* e *venir* está na localização do locutor e do interlocutor, ou do local em questão. Desse modo:

¿Cuándo vendrás?, *Quando você virá?*, implica que o locutor está no local para onde o interlocutor deverá se dirigir;

¿Cuándo irás a São Paulo?, *Quando você irá a São Paulo?*, implica que o locutor NÃO está no local em questão;

Vendré mañana a buscarte, *Virei buscá-lo amanhã*, significa que tanto o locutor quanto o interlocutor estão no local para onde o locutor se dirigirá;

Iré mañana a buscarte, *Irei buscá-lo amanhã*, significa que o locutor NÃO está no local para onde se dirigirá no dia seguinte.

4. Diferenças entre *llevar* e *traer*

Neste caso, a diferença reside na situação dos agentes. Assim: *Llévame los paquetes al coche*, *Leve-me os pacotes para o carro*, implica que nem o locutor nem o interlocutor estão no carro;

¿Puede traernos la cuenta, por favor?, *Pode trazer-nos a conta, por favor?*, implica que o locutor encontra-se no mesmo local em que ele receberá a conta.

5. A comparação (comparativo e superlativo)

Existem três categorias de comparativo:

— o comparativo de inferioridade;

— o comparativo de igualdade;

— o comparativo de superioridade.

Comparativo de inferioridade

Menos... que: este es menos caro que el otro, *este é menos caro do que o outro.*

Comparativo de igualdade

Tan... como: *son tan grandes como los tuyos*, *são tão grandes quanto os seus*

Comparativo de superioridade

Más... que: *resulta más bonito que el antiguo*, *é mais bonito que o antigo*

Comparativos irregulares

Mayor, *maior, mais velho*; *menor*, *menor, mais jovem*; *mejor*, *melhor*; *peor*, *pior*. O plural destes quatro elementos é formado acrescentando-se *-es*.

O espanhol possui dois superlativos, um relativo e outro absoluto.

Superlativo relativo

O superlativo relativo identifica-se com o comparativo: *el, la más; el, la menos: el más simpático*, *o mais simpático*; *la menos vieja*, *a menos velha*.

Superlativo absoluto

Existem duas formas de superlativo absoluto: a primeira é formada com o elemento *muy* seguido do adjetivo; a segunda é formada com o adjetivo seguido do sufixo *ísimo/a: un chico muy atractivo*, *um rapaz muito atraente*; *una chica guapísima*, *uma moça lindíssima*.

⚠ Atenção!

Colocado depois de um substantivo determinado, o superlativo é empregado sem artigo: *la casa más bonita del pueblo*, *a casa mais bonita do povoado*. Se o superlativo for seguido de um verbo, este deverá ser colocado no indicativo: *el chico más inteligente que conozco*, *o moço mais inteligente que conheço*.

Índice

O Espanhol + Fácil Para Viajar foi impresso em São Paulo pela Imprensa da Fé, para a Larousse do Brasil, em junho de 2004.

03/09/2007 R$ 19,90